あそびの環境づくりが、子どもの主体性を育てる

あそびの環境づくりに求められること

　現在、教育・保育の現場において、主体的・対話的で深い学びが求められています。保育者には、子どもが興味・関心を持って主体的にあそび、ヒトやモノと対話しながら没頭し、あそびを発展させていくための環境づくりを行うことが求められているのです。

　各園においては、園庭に木を植えたり、築山を作ったり、また新しい遊具を設置するなどの園庭改造など、保育環境をよりよくするためのさまざまな取り組みが見られます。園舎内も、絵本コーナーを作ったり、アトリエを作ったりと保育環境を豊かにするよう力が尽くされています。しかしながら、保育環境を変えたいと思っていてもなかなか進まない園、園庭がないなどの悩みを持った園も多く見られます。

　2020年、新型コロナウイルス感染症が世界的に大流行し、このことからも、保育環境を大きく変えることが求められるようになりました。新型コロナウイルス感染予防の観点から、これまでの保育を見直すこと、保育環境を変えることについて考えはじめた園もあります。文部科学省は、幼稚園はあそびを通して総合的な指導を行っており、他の幼児との接触や遊具の共有などが生じやすいことから、「幼稚園教育では幼児の興味や関心に応じた遊びを重視しているが、感染リスクを踏まえ、幼児が遊びたくなる拠点の分散」を行うことなどを現場に求めています。

3歳・4歳・5歳児

離れて
あそぼう

―拠点を増やしたあそびの方法―

桐川敦子［著］

東洋館出版社

子どもの主体性が発揮される環境構成

　この本が、子どもの主体性が発揮されるような環境構成を目指していたり、感染対策に悩んでいたりして、保育環境の改善に取り組もうとする保育者の方にヒントを与えるものとなればと思います（完全な感染対策が書かれているわけではありませんが）。後述しますが、この2つの視点はつながりを持つ場合もあるのです。

　本書の特徴として2点挙げさせていただきます。

　1点目は、この本にある保育環境は、すぐに保育環境を改善したいと考えている保育者の方のために、時間的にも経済的にも取り組みやすい事例を挙げていることです。

　2点目は、あそびは子どもが見つけるものではありますが、あそびの提案が必要な場合もあり、室内・屋外それぞれの保育環境の中におけるあそびの例を挙げさせていただいていることです。あそびの例を読んでいただくことで、各拠点のあそびをイメージしていただくこともできます。1人からまたは少人数であそべるものを取り上げています。

　この本を参考にし、園の状況、子どもの状況に応じて、あそびが発展するような環境を作り、ときにはあそびを提案してください。多くの園がますます子どもたちの主体性が発揮される環境となり、ここには書かれていないようなあそびが子どもの発想から多く生まれるようになることを願っています。

日本女子体育大学准教授

日本女子体育大学附属みどり幼稚園長

桐川敦子

もくじ

1章　場所に分かれてあそぼう

もくじ

２章 作ってあそぼう

感染症予防＆あそびのお助けポスターは、
こちらのQRコードより
ダウンロードください。

「遊びの拠点の分散」とは？

感染症対策の考え方の１つに「遊びの拠点の分散」があります。
ここでは、拠点を分散させる方法を紹介します。

・ 拠点を分散する2つの方法 ・

あそびの拠点が多い

新型コロナウイルス感染症の流行により、感染リスクを踏まえ、園児たちの接触を減らすため、「遊びの拠点の分散」が求められるようになりました。

幼稚園や保育園、認定こども園では、興味や関心に応じたあそびを重視しています。保育者の工夫によってあそびの拠点をより多く設定することで、密集しがちな子どものあそびを改善することにつながります。

拠点と拠点を離す

「遊びの拠点の分散」には、あそびの拠点が多くあること以外にも、拠点と拠点が離れているという側面があります。このことにより、子どもたちは興味・関心を広げつつ分散してあそぶことができます。ただし、園の広さによって拠点と拠点を離すことが難しいこともあります。

新型コロナウイルス感染予防の観点から求められていることですが、あそびの拠点が増えることにより、結果的に子どもの興味・関心が広がる機会が増え、主体的・対話的で深い学びにつながるようなあそびの発展を多く引き出すことになっているケースも見られます。

拠点を増やす

あそびの環境を整える

園を工事で改造するような大掛かりな環境づくりは、すぐに行うことはできません。しかし、現場の保育者ができることもあります。子どもの興味・関心を考慮し「ここで○人くらいの子どもがあそべそうだ」ということを予測しながら、環境を整えていきます。

拠点の増やし方

必要な広さを考え、室内であればロッカーや積み木などで仕切るなどしながら、あそびのコーナーを作ります。それぞれ必要な道具や材料を置き、あそびの拠点を作ったり、増やしたりすることで、あそびの環境を整えることができます。

このことは、あそびの発展と人数の分散の両方に役立つ環境づくりであり、現場の保育者にしかできないこととも言えるでしょう。

新しい生活様式に
対応したあそび方

感染症対策のため、密閉、密集、密接の「三密」を避けることが、保育、教育の場でも求められています。ここでは、「三密」を避ける方法について紹介します。

「三密」を避ける

「密閉」「密接」を避ける

　新しい生活様式では、密閉、密集、密接について避けるよう求められています。密閉については十分に換気を行うことで回避できます。

　密接については、保育、教育において大切にしていることであり、避けることはとても難しいと思います。しかし、感染が心配な時期において、人と人との接触を前提としたあそびの提案を行わないほうがよいでしょう。

「密集」を避ける

　密集を避けることは、あそびの拠点を増やしたり、時間で区切ったりするなどの保育者の工夫によって改善できることがあります。

　この「拠点を増やす」ということについて、本書を参考にしてください。

あそびを広げるポイント

どこでもできるあそび

あそびを考えるときのポイントはいくつかありますが、園でしかあそべないものではなく、どこでもあそべるものを考えてみるとよいでしょう。

2020年、緊急事態宣言が発令されたときには休園し、郵送にてあそびを提案したり、オンライン保育を実施したりした園も多くありました。

今後、再びそのような事態になってしまった場合に、それらの内容の検討にあたり、本書掲載のあそびがヒントになればと思います。

園でのあそびが家庭でのあそびを広げる

どこでもできるあそびは、1人でも、何人でも楽しむことができるあそびです。また、工作は園でも家でも楽しむことができるあそびです。ものを使ってあそぶだけでなく、ものを作る楽しさを園で知ってもらうことによって、家庭でのあそびも広がっていくでしょう。

※オンライン保育を行う場合は、著作権の問題を考慮します。また、子どもの顔が画面に出る場合は保護者の許可が必要な場合があります。

あそびについて考えるポイント

あそびを通して、子どもの健康や人間関係を育んだり、言葉で表現したりするなど、
保育、教育の現場で考えなければならないことはたくさんあります。
子どもたちと一緒にあそびを考えることで、子どもたちの成長にもつながります。

子どもはあそびの天才

あそびを作り出せる環境

保育環境やあそびについて考えると
き、子どもたちが自分であそびの環境
を作ったり、あそびのバリエーション
を増やしたりすることができるような
考慮をするとよいでしょう。

子どもたちは、あそびの天才です。
こちらが想像していなかったあそびを
作り出す力があります。

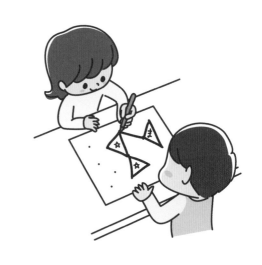

あそびを提案する
ときのポイント

保育者があそびを提案す
るときは、ルールなどがき
ちんと決められたあそび
ばかりではなく、子どもた
ちが自由に発想できるあそ
びを提案しましょう。

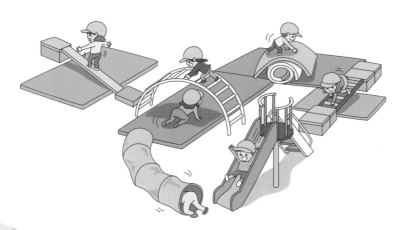

声のかけ方

子どもが考えられるように

　子どもが考えながら行動する場面において、ときには、「こうすれば
いいんだよ …」と声をかけたくなることもあるかもしれません。しかし、
失敗をしても自分自身で問題を解決することが成長につながる場合もある
ので、子どもに寄り添いつつ、子どもの考える要素を残した言葉かけを心
がけましょう。また、声をかけるタイミングなどを考慮したり、子どもの
声に耳を傾けたりすることも大切です。このことは、保育における全ての
土台となるでしょう。そして、子どもの興味・関心から広がるあそびにつ
いては、とことんあそぶことができるよう、その時間を確保することも大
切な環境構成と言えるでしょう。

子どもと考える

　子どもは大人が思うより早く新しい生活様式を理解していると感じること
があります。お店やさんごっこの中で客と店員の間にアクリル板を見立てた
ダンボールを置くことを楽しみながら行う姿勢なども見られます。ですから、
あるあそび場が混み合ったときなどは「離れて！」などと声をかけるのでは
なく、どうしたらよいか子どもと共に考えてみるとよいでしょう。

　距離をとらねばならないときも、子どもと保育者、または子ども同士の気
持ちが通じ合えるよう、あたたかい関係づくりを心がけたいものです。

子どもたちと相談する

環境の見直しが深い学びにつながる

新型コロナウイルス感染予防の観点から求められていることについて考慮し、環境を見直すことが、結果的に主体的・対話的で深い学びにつながるようなあそびの発展を引き出すことになっているケースがあることを前述しましたが、行事の取り組みなどにおいても同様です。

子どもがつくる運動会

私が勤める日本女子体育大学附属みどり幼稚園では、三密を避けるために保護者参加を見送ったことにより、運動会に対する取り組みが変わることになりました。

見せるための運動会から「子どもが作る運動会」にしたのです。子どもたちが種目や飾りつけなどを考え、運動会を作り上げました。中には、「足が速くないから運動会はなくてよい」という子どももいましたが、そのように思っている子どもも楽しくなる方法をみんなで考え、話し合いました。その結果、選択種目を作るなどの工夫をしたことで、みんなが納得する思い出深い運動会となりました。これまで保育の見直しがなかなか進まなかった園において、ピンチがチャンスとなったのです。

主体性を育む

保育者の姿勢が子どもの主体性を育む

　子どもたちと一緒に、保育を作っていこうという保育者の姿勢が、子どもたちの主体性を育むことにつながります。また、子どもの力により保育者が想像している以上のものを作り上げるケースは多くあります。

　前ページでは、子どもたちが考えた行事について取り上げましたが、あそびにおいても同じです。保育者から相談してもらえることや、自分の声に耳を傾けてもらえること、また、保育者が自分の相談に乗ってくれるということなどは、子どもたちの自信にもつながりますし、自分たちで何かを作る楽しさを知ることもできます。

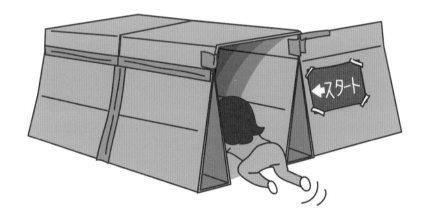

子どもたちの育つ力を信じる

　子どもたちと一体となり、あそびを作っていくことで、子どもたちの想像力、主体性を育てていくことができるのです。子どもたちの育つ力を信じましょう。このことは、小学校入学以降の学びにもつながっていきます。

園でできる感染症対策

園児は、抵抗力が低く、感染症にかかりやすいもの。さらに、感染症の予防法は、日々変わっていきます。ここでは、歌うときの工夫や手洗い・うがいの方法について、紹介します。

歌うときの工夫

　感染防止の観点から、保育者はマスクをつけて保育を行うようになってきていますが、マスクをしていると口の動きが見えないため、特に初めての歌を園児と歌う場合は、工夫が必要です。

　感染症対策という点で、「歌わない」という選択もあるとは思いますが、マスクではなく、フェイスシールドやマウスシールドをつけたり、マスクをつけたまま身振り手振りを大きくしたりして教えることもできます。また、園によっては、透明なカーテンのようなものや、ビニール傘を用いて口元を見せる工夫をしています。CDを用いたり、手話ソングや手あそび、わらべ歌などを多く歌ったりするなど、さまざまな工夫を取り入れることで、感染症対策をしながら、歌を楽しむことができます。

子どもたちの励まし

保育、教育の現場において、日々感染症対策に細心の注意を払い、指導されていることと思います。先のページでも取り上げたみどり幼稚園では、給食の配膳時に感染症対策のため、保育者がフェイスシールドを着用しました。その際、子どもたちはじっと保育者を見つめ、「先生、似合うよ。かわいいよ」と声を上げました。子どもたちは、自分たちのために頑張っている大人の気持ちがわかっています。マスクで表情が見えなくても、気持ちは通じ合うことができるのです。

正しい手洗い・うがいの方法

　ウイルスなどの病原体の多くは、主に手から体内に侵入し、感染症を引き起こすと言われています。しかし水で15秒間、手を洗うだけでも、手を洗わないときと比べてウイルスは約1%にまで減ります。さらに、ハンドソープをつけて10秒もみ洗いしたあと、水で15秒間すすぐのを2回繰り返すと、約0.0001%までウイルスは減るそうです。また、呼吸によってのどに侵入してきたウイルスなどの病原体を洗い流すのにうがいは効果的です。外であそんだあとや食事の前に、必ず手洗い・うがいをするよう心がけましょう。

※この情報は、2021年2月時点のものです。

手洗い

① 手をぬらす

あわあわになるかなー

② 石けんをつけて泡立てる

③ 手の甲を伸ばすようにこする

ネコの手だよ

④ 指先・爪の間をこする

⑤ 指と指の間を洗う

バイクのエンジン、かけられるかな

⑥ 親指と手のひらをねじるように洗う

つかまえたー

⑦ 手首も洗う

⑧ しっかり水で流す

うがい

① コップの水を口に入れる

② 前を向き口の中を10〜15秒間「ブクブク」して、水を吐き出す

③ もう一度口に水を入れ、水を飲み込まないよう、上を向く

④ 上を向いたら「あー」などと声を出しながら、10〜15秒間のどを洗う

⑤ 水を飲み込まないように下を向き、吐き出すのを2、3回繰り返す

感染症予防ポスターはこちらからダウンロードできます。

本書の使い方

あそびのエリア・カテゴリーを表しています。どんな種類のあそびか、どんな道具が必要かがわかります。

対象年齢、何人であそぶか、または何人からあそべるかがわかります。

どんなあそびか簡単に説明しています。必要なスペースなどがわかります。

どこであそべるかがわかります。上から、室内、工作、屋外になっています。

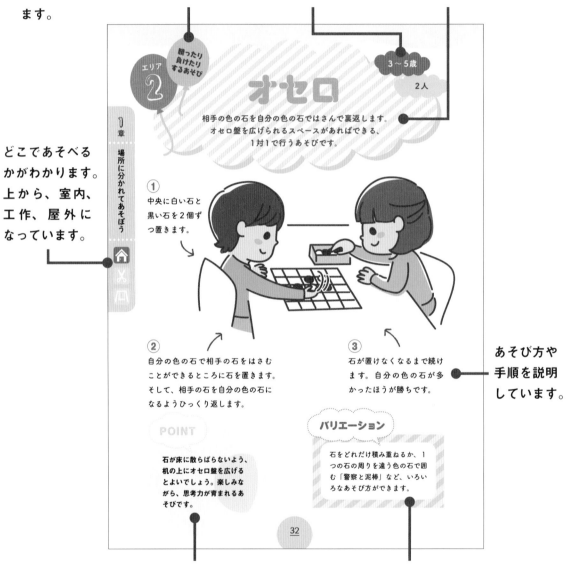

エリア 2
勝ったり負けたりするあそび

1章 場所に分かれてあそぼう

3〜5歳
2人

オセロ

相手の色の石を自分の色の石ではさんで裏返します。オセロ盤を広げられるスペースがあればできる、1対1で行うあそびです。

① 中央に白い石と黒い石を2個ずつ置きます。

② 自分の色の石で相手の石をはさむことができるところに石を置きます。そして、相手の石を自分の色の石になるようひっくり返します。

③ 石が置けなくなるまで続けます。自分の色の石が多かったほうが勝ちです。

あそび方や手順を説明しています。

POINT

石が床に散らばらないよう、机の上にオセロ盤を広げるとよいでしょう。楽しみながら、思考力が育まれるあそびです。

バリエーション

石をどれだけ積み重ねるか、1つの石の周りを違う色の石で囲む「警察と泥棒」など、いろいろなあそび方ができます。

32

あそびのポイントを説明しています。身につく能力や、留意点などがわかります。

あそびのバリエーションを説明しています。子どもたちと工作をしたり、同じ道具を使ってあそんだりする方法を紹介しています。

※感染防止対策として子どももマスクをつける必要があるときもありますが、本書のイラストにおいては描いておりません。ご了承ください。また、密になりそうなあそび方や感染が拡大している中では、控えたほうがよいような歌いながらのあそびも示されておりますが、感染の状況に合わせて取り上げてください。

場所に分かれて
あそぼう

場所に分かれることは、拠点の分散、さらにあそびの発展にもつながります。
この章では、あそびの拠点を室内、園庭（公園）、水場の3つに分け、
いろいろなあそび方を紹介します。

あそび場を作ろう

子どもたちのあそびの幅を広げるためには、あそぶ場所（環境）を
たくさん作ることが大切です。園を見渡してみると、あそぶ場はたくさんあります。
園を工事して環境を作ることが難しい場合でも、できる範囲で
子どもたちが興味・関心を持つあそびの場を増やすよう心がけましょう。

室内であそぼう
→ P.22

室内にも、さまざまなあそび
があります。興味・関心が持
てるあそびをたくさん用意する
ことで、分散につながります。

工作エリア

→ 2章（P.95）

いろいろな材料や道具を使って、工作
をしましょう。さまざまな材料を用意す
ることで、拠点の分散につながります。

木の
周り

遊具

草むら

外には、あそべる場所がたくさんあります。子どもたちが自由にあそべる環境が自分たちであそびを見つけることや、あそびのバリエーション、拠点を増やすことにつながります。

園庭であそぼう
→ P.52

水あそびをしよう
→ P.86

暑い夏は、外で水あそびをしましょう。バケツをたくさん用意しておくことで、拠点の分散につながります。

砂場

室内であそぼう

室内で、さまざまなことに興味・関心を持てるような環境を作りましょう。
工作ができる場やオセロなど勝負を楽しむ場、体を動かす場など……
それぞれの場で行うあそびの例を挙げながら、
あそび方のポイントや留意点を紹介します。

エリア 1 伝承あそび

おじいちゃん、おばあちゃんもしていたあそびをやってみましょう。あやとりをしたり、けん玉をしたり、あそぶ方法はたくさんあります。いろいろな道具を置いておくとよいでしょう。子どもたちの興味・関心を引きながら、いろいろなあそびにチャレンジしてみましょう。

エリア 3 体をたくさん動かす

エリア 4 その他

みんなで大きな画用紙に絵を描いたり、自由に動き回ったり、自由に好きなことをしましょう。大きな画用紙に絵を描くときは、使いたい画材を順番に使ったり、まわりの子にぶつからないように注意したり、それぞれのあそびで気をつけることが異なることを意識しながら、あそびを楽しみましょう。

机の上に、トランプやカルタ、オセロなど勝ち負けがつくものをたくさん用意しましょう。子どもたちは勝敗がつくあそびを好みます。自由にあそびましょう。ルールのあるあそびの楽しさを知ることができます。勝敗がつくため、ケンカになることもあります。ケンカも指導のチャンスです。友達の気持ちを理解できるようになるとよいですね。

エリア

2

勝負

感染防止の観点から、運動はなるべく屋外で行うほうがよいとされています。しかし室内でもホールのような広い場所では体を動かしてあそぶことができます。静かにあそぶほうが好きな子もいるので室内ではそれぞれが好きなことをしてあそべるような環境を作りましょう。また、静かにあそんでいる子とぶつからないよう、エリアを離したり、あそぶ前に気をつけることを伝えたりするなど、それぞれが気持ちよくあそべるようにしましょう。

詳しくは2章で説明しますが、自由にいろいろなものが作れるよう、たくさんの材料や道具を用意しておきます。子どもたちは思いもよらない組み合わせで工作を楽しみます。子どもたちの発想に任せて、工作を楽しみましょう。

2章 工作

のり

伝承
あそび

けん玉

玉を動かして皿に乗せることからスタートします。
室内でも屋外でもあそぶことができます。

1章 場所に分かれてあそぼう

①

玉を皿に乗せてあそびます。
ひざを曲げると玉を皿に乗
せやすくなります。

②

「トントン……」と
リズミカルにあそべ
るようになると、と
ても楽しくなります。

③

皿に玉を乗せることが
できるようになったら、
玉の穴にけん先を入れ
るチャレンジをしてみ
てもよいでしょう。

POINT

玉がぶつかると危ないので、けん玉で
あそぶときの約束事をきちんと伝えま
しょう。
・けん玉を投げない
・振り回さない
・とがった部分を人に向けたり、
　つついたりしない
・けん玉がまわりに当たらないよう、
　距離に気をつける

バリエーション

2つの紙コップとアルミを丸め
て玉にして、ひもでつないだ手
づくりけん玉もよいでしょう。

メンコ

絵が描かれた紙のカードを地面に打ちつけます。
室内でも屋外でもメンコを広げられるスペースがあれば、楽しめます。

POINT

どうしたらメンコをひっくり返すことができるのかチャレンジを繰り返すこともよい経験になります。だれかができるようになると、みんなでゲームを想像しやすくなります。

相手のメンコに向かって自分のメンコを投げ、相手のメンコが裏返ったり、フィールドの外へ出たりしたら勝ちです。

バリエーション

折り紙や画用紙を厚手の紙やダンボールなどに貼り、オリジナルのメンコを作って楽しむこともできます。

あやとり

3〜5歳
1人〜

1本の毛糸を手にかけて、指でひっかけたり外したりして、いろいろな形や模様を作ります。広いスペースがいらないので、どこでもあそぶことができます。

(ほうきの作り方)

① 左右の親指と小指にひもをかけます。

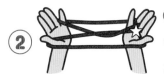

② ①の左手の★を右手の中指で下からとって1回ひねり、中指にかけます。

③ ②の右手の中指にできた穴の上から左手の中指で上から☆をとってひっぱり、右手の小指と親指からひもを外します。

④ ひっぱると、ほうきのできあがりです。

バリエーション

5歳児くらいになると、くさり編みなどであやとりのひもを編む子どももいます（→P.48）。それぞれが編んだひもで行うと、より楽しくなります。また、はしごやタワーなど、1人でできるあやとりのバリエーションもたくさんあります。

POINT

1人で作るものもあれば、2人で取り合うあそびもあります。3〜4人で取り合うこともできます。友達とコミュニケーションを取りながらあそぶと、より楽しめます。

伝承あそび

こま回し

4〜5歳

1人〜

こまをくるくる回したり、ぶつけたりしてあそびます。
こまが動くため、広いスペースが必要です。

ひもの巻き方、投げ方などは何度もチャレンジしながら、コツをつかみます。

こまにひもを巻きつけ、ひもをつかんだまま勢いよくこまを投げます。

POINT

ひもが勢いよく前に向かうので、こまが飛んでいく方向に人がいないよう注意が必要です。また、小さい子どもの場合は、指で回すこまを楽しむとよいでしょう。回すコツをつかんだときは達成感を味わうことができます。

バリエーション

自分でこまが回せないうちは、先生に回してもらい、見るのを楽しんでもよいでしょう。また、ペンや絵の具などで木のこまに色を塗ったり、絵を描いたりすると、こまが回ったときの模様の見え方を楽しむことができます。

お手玉

3〜5歳

1人〜

玉を上に投げてあそびます。広いスペースは必要なく、どこでもあそぶことができます。

① お手玉を上に投げ、キャッチしましょう。

② 手の甲に乗せて投げたお手玉を手の平でキャッチしても楽しめます。

POINT

子どもたちがお手玉に慣れてきたら、『おひとつ落としておさら』などのお手玉歌に合わせたり、お手玉の数を増やしたりしてもよいでしょう。

バリエーション

チェーンリングをつなげてお手玉を作ってもよいでしょう。1つのリングに10個くらいのリングをつなげると、お手玉のような形になります。

エリア1　伝承あそび

大風こいこい

3〜5歳
1人〜

わらべうたに合わせてハンカチやタオルを上下にふります。
室内でも屋外でも、ハンカチを上に投げられるスペースが
あればあそぶことができます。

① 『うえからしたから』を歌いながら、ハンカチを上下にふります。

② 最後の「こい！」と同時に上に投げましょう。

POINT

まだ座ることができない子どもの前でタオルやハンカチをふり、目の前で揺らしてみると、手を伸ばしてとったり、顔にかかったタオルを外したりします。子どもは布のきれいな色とやわらかな感覚を楽しむことができます。

バリエーション

大きな薄い布を使い、何人かで風を起こして布の下を順番にくぐるという楽しみ方もあります。

エリア **2**

勝ったり
負けたり
するあそび

3〜5歳

3人〜

かるた

読み札に合わせた絵札をとります。
室内でカルタを広げられるスペースがあれば
数人で楽しむことができます。

読まれている札を探して
とることをくり返し、読み
札がなくなるまで続けます。
持っている札が一番多い人
が勝ちです。

POINT

子どもたちに人気のアニメキャラク
ターなど、子どもたちが興味を持てる
ような絵札にすると、楽しくあそべ
ます。またお手つきなど、いろいろな
ルールがあるので、ルールを守るきっ
かけになる教材です。また、数に興味
や関心を持つきっかけになるあそびで
もあります。

バリエーション

ひらがなを読むのが難しい場
合は、同じ絵を選ぶ「絵合わせ
かるた」でも楽しめます。また、
自分たちで絵を描いてオリジナ
ルのカルタを作っても楽しいで
しょう。

すごろく

サイコロを振って、出た目の数だけ進みます。
室内でも屋外でもすごろくを広げられるスペースがあれば、
あそぶことができます。

楽しみながら、文字や数に
親しむことができます。

サイコロを振って、出た目の数
だけマスを進めます。一番先に
ゴールに着いた人が勝ちです。

バリエーション

すごろくのルールに慣れてきたら、自分た
ちでマスに入る言葉を考え、すごろくを
作ってあそんでみてもよいでしょう。とて
も楽しいすごろくになりますよ。サイコロ
は牛乳パックで作ることができます。

POINT

マスに文字が書いてある
場合、マスに書いてある
意味などを説明すると、
ゲームを進めやすくなり
ます。数に対する興味も
育まれるあそびです。

オセロ

相手の色の石を自分の色の石ではさんで裏返します。
オセロ盤を広げられるスペースがあればできる、
1対1で行うあそびです。

①

中央に白い石と
黒い石を2個ず
つ置きます。

②

自分の色の石で相手の石をはさむ
ことができるところに石を置きます。
そして、相手の石を自分の色の石に
なるようひっくり返します。

③

石が置けなくなるまで続け
ます。自分の色の石が多
かったほうが勝ちです。

POINT

石が床に散らばらないよう、
机の上にオセロ盤を広げる
とよいでしょう。楽しみな
がら、思考力が育まれるあ
そびです。

バリエーション

石をどれだけ積み重ねるか、1
つの石の周りを違う色の石で囲
む「警察と泥棒」など、いろい
ろなあそび方ができます。

エリア **2** 勝ったり負けたりするあそび

トランプ

3〜5歳

2人〜

世界中の誰とでもあそべるカードゲームです。
ゲームの種類が豊富なので、
さまざまな楽しみ方を味わうことができます。

（ ババ抜き ）

① 数字のカードにジョーカーを1枚加え、カードを配ります。

② 配られたカードの中で、同じ数字のカードを捨てます。

③ 時計回りか反時計回りで順番に隣の人のカードを1枚引きます。

④ 同じ数字のカードがそろえば捨てます。同じ数字がなかった場合は、手持ちのカードに加えます。

⑤ これを繰り返して、最初にカードがなくなった人が勝ちです。

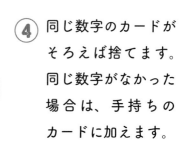

バリエーション

7ならべや神経衰弱など、人数に合わせてゲームを変えても行うことができます。また、トランプタワーや手品などの楽しみ方もあります。

POINT

子どもたちが慣れてきたら、ジョーカーを加えるのではなく、♥の7などババに決めたカードが最後まで分からないジジ抜きをしてみてもよいでしょう。

エリア
2

勝ったり
負けたり
するあそび

3〜5歳

じゃんけんあそび

2人〜

グー、チョキ、パーで、勝ち負けを決めます。
スペースがいらないので、どこでもあそぶことができます。

手でグー、チョキ、パーを出してあそびます。

POINT

顔じゃんけんや足じゃんけんなど、手だけでなく、全身を使ってじゃんけんをしても楽しめます。

バリエーション

じゃんけんを用いたあそびは多くあります。階段などでは勝った人がグーのときは「グリコ」と3段進み、チョキは「チョコレート」と6段、パーは「パイナップル」と6段進むことができます。早く一番上まで到着した人が勝ちになるあそびです。また、じゃんけんで勝ち負けが決まったあと、「あっち向いてホイ」をしてみてもよいでしょう。縦や横だけでなく、斜めなど新しい向きが生まれることもあります。

(あっち向いてホイ)

勝ったり
負けたり
するあそび

三角とり

4〜5歳

2〜3人

点と点をつないで三角形を作っていきます。
紙を広げられるスペースがあれば2人以上で楽しめます。

①

「点がたくさん書かれた紙」を用意し、じゃんけんで勝った人から1本ずつ順番に点と点をまっすぐつないで三角形を作ります。

②

つなぐ点がなくなるまで、三角形を作ります。できた三角形の多いほうが勝ちです。

POINT

自分の陣地だと分かるように、できた三角形の中に、名前や好きなマークを書いたり、名前を書いたりするとよいでしょう。このあそびをすることで、図形への感覚や興味を持つきっかけになります。

バリエーション

土の上に点を書くと、外でも三角とりであそぶことができます。

体をたくさん
動かすあそび

ヒーローごっこ

3〜5歳

1人〜

ヒーローになりきるあそびです。
自由に走り回れるよう体育館など
できるだけ広いスペースで行うあそびです。

①

背中に大きめの布を結びつけ、
マントにします。

びゅーん！

だだだだだ

POINT

布にひっかかって転んでし
まう危険もあるので、子ど
もの背丈に合った布を使い
ましょう。また、マント
はゴムでとめてあげると、
子どもたちも着脱しやすく
なります。

バリエーション

布だけでなく、新聞紙や大きめの
広告、カラービニール袋でも簡単
にマントを作ることができます。
またマントだけでなく、ベルトな
どを作るとヒーローごっこの幅が
広がります（→P.46）。

びゅーん！

だだだだだ

②

自由に走り回ったり、ストーリー
性のあるごっこあそびを行います。

体をたくさん
動かすあそび

フープあそび

3〜5歳

1人〜

フープを使って、自由にあそびましょう。
フープを回したり、ジャンプしたりするスペースがあれば、
あそぶことができます。

なわとびのようにフープを回
してジャンプしましょう。

体全体を使って、フープを回
しましょう。

POINT

子どもたちがぶつかると危険な
ので、十分な距離が取れるス
ペースであそびましょう。また、
子どもたちの体に合わせて、い
ろいろな大きさのフープを用意
すると、子どもたちもあそびや
すくなります。

バリエーション

フープを縦にスピンさせる、フープ
で電車ごっこをするなど、さまざま
なあそび方ができます。また、外で
フープを地面にバラバラに置いて
フープとびをしてもよいでしょう。

エリア 3

体をたくさん動かすあそび

クマになろう

3〜5歳

1人〜

動物になりきって、あそびます。
動き回ることができるスペースが必要です。

両手、両足を床につき、おしりを高く上げたまま、歩きます。

マットにフープを通してトンネルを作ったり、マットを丸めその上にマットをかぶせて山を作ったりしましょう。子どもたちの興味を引くことができ、意欲的にくぐったりはったりします。

バリエーション

うつ伏せになって進むアシカになって同じトンネルをくぐってみましょう。また、トンネルの外では、両手で頭の上に耳をつくり、両足でジャンプするウサギ、手で首の長さを表現するキリンなど、想像力を発揮してみましょう。子どもたちと一緒に考えてみると楽しいです。

POINT

子どもにどんな動物のまねをするか問いかけてみましょう。考えることで、想像力を引き出すことができます。

新聞紙ダッシュ

新聞紙が落ちないように走るあそびです。
自由に走り回れる広いスペースであそびましょう。

① 胸の前で新聞紙を広げます。

② 胸の前に広げた新聞紙が落ちないように走ります。

POINT

新聞紙を落とさずにどれだけの距離を走ることができたか、勝負してもよいでしょう。また、落とさないように走るにはどうしたらよいか、子どもたちと考えてみましょう。

バリエーション

子どもたちが新聞紙を落とさず走ることに慣れてきたら、新聞紙でバトンを作り、リレーをしてみると、楽しみ方が増えます。

エリア **3** 体をたくさん動かすあそび

新聞紙であそぼう

3〜5歳

1人〜

新聞紙を使って自由にあそびましょう。
新聞紙を広げられる広いスペースがあると、よいでしょう。

（ 破ってあそぼう ）

新聞紙を破ったり、破ったものを投げたりしてあそびましょう。→

ちぎったときの音も楽しめます。また、ガムテープで新聞紙を丸めると、固くなりすぎて危険です。ガムテープの取り扱いには、注意しましょう。

（ 新聞紙ボール ）

新聞紙を丸めたり、投げたりしてあそびましょう。陣地を決めておいて、投げ合ったり、角を切ったダンボールをラケットにして、ボールを打ち合ったりしても楽しむことができます。

バリエーション

大きめのポリ袋を用意して、あそんだ後の片付けも一緒にしてみましょう。片付けも楽しいあそびのひとつになります。新聞を集めるときに、自分の服の中に新聞を入れ、「どのお相撲さんが一番大きいかな〜」とあそぶこともあります。

POINT

新聞紙が身近にない子どもも増えています。自由にちぎったり、破ったりするあそびを体験させてあげましょう。

フープくぐり

投げたフープをくぐり抜けるあそびです。
フープが投げられるスペースであそびましょう。

① フープを地面につけたまま、縦にスピンさせます。

② フープが戻ってくるタイミングに合わせて、くぐり抜けましょう。

POINT

子どもたちがフープをくぐり抜けられるよう、初めはゆっくりとしたスピードで投げるとよいでしょう。また、フープは手首のスナップを効かせ、勢いよく下に回転させることでスピンをかけることができます。

バリエーション

連続で何人がフープをくぐり抜けることができるか、チャレンジしてみてもよいでしょう。

なわとび

とんだ数を数えたり、技の難しさを競ったりしてあそびます。
周りの子と十分な距離がとれるスペースであそびましょう。

① なわを回して、足になわが引っかからないようにとびましょう。

② 前回しがとべたら、後ろ回しやあやとび、交差とびなどにどんどんチャレンジしてみましょう。

POINT

なわとびはコツをつかめば、どんどんとべるようになります。達成感を感じることのできる教材です。

バリエーション

うまくなわがとべない子は、片方の持ち手をつかんで、ヘビのようにグニャグニャ動かしたなわをとぶあそびを楽しんでもよいでしょう。また、何人かの子どもたちと大なわに挑戦してみるのも、楽しみ方の1つです。

体をたくさん
動かすあそび

ゴムひもジャンプ

3〜5歳

1人

2本のペットボトルの間にゴムひもを張り、
その上をとびこえるあそびです。簡単に持ち運べるので、
遊具がない公園でもあそぶことができます。

①

空のペットボトルに水を入れた
ものを2本用意し、それにゴム
ひもを結びます。

②

その上をジャンプしてとびこえ
ましょう。ゴムひもにスズラン
テープをつけると、華やかでか
わいい柵のでき上がりです。子
どもたちが両足でジャンプでき
るようになったら、片足ジャン
プにも挑戦してみましょう。

③

色水を入れてもきれいです。

POINT

ペットボトルやゴムひもにデコレー
ションをしてもよいでしょう。散歩
に行くときは、空のペットボトルを
用意すると、持ち運びが簡単です。
また、ペットボトルは、子どもの経
験に合わせて2ℓや500㎖など大き
さを変えてみてもよいでしょう。

バリエーション

1つの柵がとべるようになった
ら、柵をたくさん用意し、ハー
ドル走のように並べ、連続で何
個とべるか挑戦してみるのもよ
いでしょう。

フラフープ バスケ

フープでつくったゴールにボールを入れるあそびです。
フープをくくりつける場所があれば、あそぶことができます。

① フープの中にボール
を入れましょう。

② 持って入れても、投
げて入れても楽しむ
ことができます。

③ フープにスズラ
ンテープをつけ
ると、ボールが
通り抜けたこと
を確認しやすく
なります。

POINT

柔らかいボールや大小さまざ
まなボールを使ってみると、
楽しい経験になります。幼い
子は小さいボールから投げ始
めてもよいでしょう。

バリエーション

子どもたちが上手に投げられるように
なったら、ボールを投げる位置やフー
プの高さを変えてみましょう。ボール
を投げる場所によって、得点を変えて
みても楽しむことができます。

ダンボール であそぼう

3〜5歳

1人〜

ダンボールを使って自由にあそびましょう。
子どもたちの発想で、さまざまなあそびが生まれます。

(電車ごっこ)

電車に見立てたダ
ンボールの中に入
り、ダンボールを
持って、自由に動
き回りましょう。

バリエーション

ダンボールにお絵描き
をして、電車を作りま
しょう（→P.112）。ま
た、電車以外にも、車
や動物などの絵を描い
て楽しんでもよいで
しょう。

(ダンボール島を渡ろう)

① さまざまな形に切ったダンボール
を飛び石のように配置します。

② このダンボールの島に乗ったり、他
の島に飛び移ったりしてあそびます。

POINT

ダンボールが滑ることがあり
ます。テープで床に貼りつけ
るなど工夫してください。裸
足になると、さまざまな感覚
を楽しむことができます。ダ
ンボールの上に発砲スチロー
ルや布を貼って、さまざまな
感触を楽しんでみましょう。

エリア 4

その他の
あそび

変身コーナー

3〜5歳

1人〜

憧れのお姫さまやヒーローになりきるあそびです。
自分たちで、ドレスやマント、ベルトを作ってみましょう。

① 大きなカラービニール袋に
シールを貼って、ドレスを
作りましょう。

POINT

子どもたちの自由な発想に
任せてみましょう。新しい
変身グッズが生まれること
があります。

バリエーション

折り紙でティアラ、ダンボール
でヒーローベルトを作っても楽
しめます。また、ペットボトル
のフタを靴の底に貼ると、ハイ
ヒールになります。

② 新聞紙や色紙、カラービニー
ル袋で、マントやベルトを作
りましょう。

みんなと絵を描こう

エリア 4　その他のあそび　3〜5歳　1人〜

大きな画用紙に自由に絵を描いてあそびましょう。
画用紙を広げられる広いスペースが必要です。

①
画用紙を貼り合わせたり、模造紙を用意したりして、大きな白紙を用意します。

②
画用紙が大きいので、子どもたちと一緒にお絵描きしましょう。
1つの作品をみんなで作ることもできます。

③
年長になると、友達と一緒に線路を作るなど1つの絵を描いて、あそぶこともできるようになります。

POINT

のびのびと絵を描くことを楽しみます。紙が破れてしまっても大丈夫なように、下にレジャーシートを敷いておくとよいでしょう。紙の大きさと人数のバランスを考慮すると、より自由に絵を描くことができます。

バリエーション

クレヨンや色鉛筆、絵の具などたくさんの画材を用意しておくと自由に楽しめます。

エリア **4** その他のあそび

4〜5歳

1人

編み物

毛糸などを使って、あそびましょう。
糸があれば、どこでもあそぶことができます。

① 編み針を用意して、コースターやマフラーを作りましょう。

② 指だけでも編むことができます。

POINT

最初は難しいので、慣れるまでは隣で教えてあげるとよいでしょう。

バリエーション

牛乳パックや紙コップ、トイレットペーパーの芯などで簡単に編み物をすることができます（→P.121）。編み針を使うのが難しい場合は、そちらもオススメです。

エリア **4** その他のあそび

粘土であそぼう

3〜5歳
1人〜

粘土を使って、自由にあそびましょう。
作品が壊れないよう、机の上であそぶのがオススメです。

①

粘土と粘土板を
用意します。

②

粘土をこねて形を作ったり、
丸めたり、のばしたり切っ
たりして自由にあそびま
しょう。

小麦粉粘土の作り方（1人分）

(1) 小麦粉200gに水120〜140mlを
　　少しずつ加えながら混ぜます。
(2) 耳たぶくらいの柔らかさになったら、完成です。
・長く取っておくことはできません。
・サラダ油（大さじ1）と塩（大さじ1）を加える
　ことで、保存期間を延ばすことができます。
・米粉や上新粉でも代用可能です。

POINT

小麦粉粘土、紙粘土や油粘土
など、子どもたちの年齢や
使用用途に合わせて、粘土の
種類を使い分け、それぞれの
触感を楽しみましょう。また、
小麦粉粘土を使用する場合は、
アレルギーの子どもがいない
か確認する必要があります。

バリエーション

紙粘土や小麦粉粘土には絵の具など子ど
もたちが自由に色をつけられるようにす
ると楽しみ方が増えます。また、お散歩で
見つけた木の実や葉っぱと
組み合わせて、いろいろな
形を作ってもよいでしょう。

生き物と
ふれあおう

生き物の飼育をしてみましょう。
生き物によって、飼う場所やエサが違います。

ふれあうだけでなく、名前をつけた
り、観察して絵を描いてみたり、日
記をつけたりしてもよいでしょう。

水槽の生き物

カメやメダカやザリガニなど、水槽
で飼える生き物を育ててみましょう。

エサ
それぞれの生き物の人工餌を与えます。また、
イトミミズなどの生き餌でもよいでしょう。
カメは、コマツナやチンゲンサイ、キャベツ
なども食べます。

POINT

水槽が汚れてしまうと、
生き物たちは死んでしま
います。こまめに掃除す
るようにしましょう。

生き物によって、食べるものが違います。それぞれに合ったものを用意しましょう。昆虫の場合、寿命は他の生き物と比べると短く、1年の間に死んでしまうことがほとんどです。子どもたちの心のケアが必要になってきます。また、命について考えるきっかけにもなるでしょう。

（ 昆虫 ）

カブトムシやバッタなど、幼稚園で捕まえた昆虫を飼うか、園庭に放すほうがよいかなど、いろいろな意見があります。子どもたちと、みんなで話し合うことは、学びにもつながります。

エサ

昆虫ゼリーやミルワームなどを与えます。熟したバナナやリンゴなどもよいでしょう。

（ ケージの生き物 ）

ハムスターやウサギなど、保育室に入るケージで飼える生き物を飼ってみましょう。ケージから出してふれあい、一緒にあそぶことを楽しみに登園する子どももいることでしょう。

エサ

ペレットを与えます。また、生き物が食べられるサイズにカットされたキャベツや人参、リンゴなどでもよいでしょう。

ケージで飼える生き物は毛が生えていることがほとんどです。動物の毛のアレルギーを持った子もいるので、ケージ周りの掃除をこまめにしたり、アレルギーを持っている子はケージに近寄らせたりしないなどの対策をしましょう。

園庭であそぼう

園庭（公園）には、たくさんのあそぶ場所があります。子どもたちがあそびを
見つけて思いきりあそべるよう、見通しを持って環境を整えましょう。
それぞれの場でできるあそびの例を挙げながら、ポイントや留意点を紹介します。
感染対策の観点から屋外あそびの時間が長くなってきている園も多いようです。
ぜひ役立ててください。

工作エリアは、外であそぶためのものを作った
り、外で拾ったものを使って何か作ったりする
場所です。ハサミや絵の具だけではなく、リボ
ンや紙コップなどたくさんの材料を用意しておく
ことで、子どもたちのあそびが広がります。

エリア
4
体を動かす

エリア
1
工作

園庭のトラックなど、広い場所でた
くさん体を動かしてあそびましょう。
スコップなど、自由にあそべる道具
を用意しておくと、子どもたちのあそ
びの幅が広がります。自由にいろい
ろなあそびをすると、子どもたちが
ぶつかってしまう危険性もあります。
特に公園などでは、乳児もあそんで
いるので気をつけましょう。

子どもたちは木の実を拾ったり、かくれんぼをしたりしてあそぶことが大好きです。木の周りは、根が出ていることがあります。極端に大きな障害物がないか、確認しましょう。また、木の幹や枝をさわって、手にトゲが刺さるようなことがないかも気をつけましょう。クレヨンや絵の具には限られた数の色しかありませんが、自然の中の色には無数の色があります。さまざまな匂いや触感の違うものもあります。五感を使って、あそびましょう！

エリア
5
遊具

エリア
6
木の周り

園庭や公園に設置されている遊具であそびましょう。室内にあるものや作ったものと組み合わせても楽しめます。すべり台など高さがある場所では、子どもたちが高いところから落ちないよう、注意しましょう。

エリア
3
草むら

草むらでは、虫をつかまえたり、花をつんだりしてあそぶことができます。草で手を切ってしまうことがあったり、虫にさされたりすることがあります。手当ての準備を事前にしておくとよいでしょう。

エリア
2
砂場

砂場では、穴を掘ったり、水を流したりなど、いろいろなあそび方があります。子どもたちに、「お友達に向かって砂を投げてはいけない」ということをきちんと伝えましょう。毎朝、砂を掘りかえし砂を柔らかくしておくようにし、動物のフンなどがないかなどについても見ておきましょう。また、公園の砂場であそぶときは、割れたビンなどが落ちていることもあります。きちんと管理されている砂場であそぶようにしましょう。

作って
あそぼう

双眼鏡づくり

お散歩に行く前に、双眼鏡を作りましょう。
のぞくとセロファンによって色が変わり、
お散歩が楽しくなります。

①

まずトイレットペーパー
の芯の片側にセロファン
を貼り、トイレットペー
パーの芯に折り紙を巻き
ます。

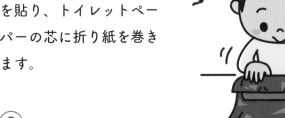

②

①と同じものを2つ
作り、くっつけます。

③

セロファンをつけていな
い側に首にかけられるよ
う、リボンをつけます。

④

シールなどで双眼鏡
にアレンジしたら、
完成です。

POINT

バリエーション

トイレットペーパーの芯以外にも、
紙コップの底を切り抜いたもので
も代用できます。ラップの芯など
で、望遠鏡を作ることもできます。

ひもが子どもたちの首に
巻きついてしまうと、危
険です。ひもはホッチキ
スではなくセロハンテー
プでとめて、簡単に外れ
るようにしましょう。

新聞紙バッグ

4〜5歳

1人〜

お散歩で拾ったものを集められるよう、
新聞紙でバッグを作りましょう。

①  1枚の新聞紙を用意します。綴じられているほうを上にして、真ん中の折り目に合わせ、矢印の方向に折ります。

②  新聞紙の下を片面のみ2回折ります。①の点線で1回目を折り、同じ幅で2回目も折ります。

③  新聞紙を裏返します。裏返したら、新聞紙の両端を真ん中に谷折りします。

④  ③の点線に合わせ、②のように2回折ります。折った部分を中の隙間に入れます。

⑤  上の三角部分を中に折り込んだら、のりでしっかりとめましょう。折り紙などで模様をつけたり、英字新聞を使ったりすると、とてもおしゃれに仕上がります。

⑥ 同じ長さのリボンを2本用意して、セロハンテープでバッグ部分につけると、新聞紙バッグの完成です。

POINT

完成したら、落ちている木の実を拾いに行きましょう（→P.84）。使っていく中でバッグの形が崩れてきたら、セロハンテープで補強します。

バリエーション

持ち手部分はリボンではなく、新聞紙を細く折り曲げたものでもよいでしょう。マチ付きの新聞紙バッグにもチャレンジしてみましょう。また、新聞紙のバッグ部分は、ぼうしにもなります。

コートを作ろう

小雨の日でもお散歩を楽しめるレインコートを作りましょう。
カラービニール袋を広げられるスペースであそびましょう。

①

図のように大きいサイズのカラービニール袋をハサミで切ります。

30cm

③

油性ペンやシールなどで自由にお絵描きをして、世界に1つだけのレインコートにしましょう。

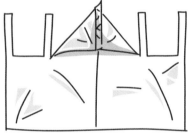

②

切ったものを開きます。

④

頭をフード部分に入れて、両サイドの紐を2か所正面で結びましょう。

POINT

ビニール袋の切らない部分は、頭が入る場所です。狭くならないように注意します。また、事前に切るところを書いておくと、迷わず切ることができます。

作って
あそぼう

傘をアレンジ

3〜5歳

1人

ビニール傘をかわいくアレンジしましょう。
雨の日でも楽しく過ごすことができます。

POINT

雨に濡れても落ちないアクリル絵の具や油性ペンなどがオススメです。また、雨の日に出かけると、いくら気をつけていても濡れてしまいます。着替えの準備をしておきましょう。

① ビニール傘に自由にお絵描きをしましょう。

バリエーション

アレンジした傘を逆さに持ち、玉入れのカゴにし、新聞紙の玉入れをすると、雨の日がもっと楽しくなります。

② 傘を持って雨の音を楽しみながら園庭をお散歩しましょう！ 風のない小雨の日がよいでしょう。

野菜スタンプ

3〜5歳

1人〜

園で育てた野菜を食べるだけではなく、
スタンプにしてあそびましょう。

① 断面が見えるように
野菜を切ります。

② 野菜にインクをつけ、
紙に押してあそびま
しょう。

野菜スタンプによく使
われるのは、レンコン
やオクラ。チンゲンサ
イの茎の部分は、バラ
の花のようになります。
いろいろな野菜をスタ
ンプにしてみましょう。

バリエーション

収穫した野菜は、表面の手触りや色を
楽しんだり、切った断面を観察したり
しても楽しむことができます。野菜の
断面が何に見えるかクイズをしたり、
スタンプの周りにお絵描きをして作品
にしたりしてもよいでしょう。

POINT

**野菜は直線で切るように
しましょう。斜めに切っ
てしまうとインクがかす
れたり、色が出なかった
りすることがあります。**

作って
あそぼう

葉っぱスタンプ・こすり出し

お散歩で拾ってきた落ち葉を
スタンプにしてあそびましょう。

POINT

押したときにキレイに模
様が浮き出るよう、筆や
スポンジで絵の具を葉っ
ぱに塗らないようにしま
しょう。

（ スタンプ ）

絵の具を塗った落ち葉を紙に押
しつけ、新聞紙などで上から軽
くこすりましょう。スタンプ台
を使うと、葉にインクを均一に
つけることができます。

（ こすり出し ）

落ち葉の上に、薄い紙を置き、上から
色鉛筆でこすってみましょう。葉っぱ
の模様が浮き上がります。

POINT

使用する落ち葉は、モミジや
イチョウなどの大きく平らな
葉っぱがオススメです。また、
モミジやイチョウなどの木の
名前を知るきっかけにもなり
ます。いろいろな形の葉を集
めてみましょう。

バリエーション

野菜スタンプ（→P.58）と組み合
わせて作品を作ってみましょう。
また、小さな紙にスタンプを押し
て、「絵合わせ」を楽しむことも
できます。

作って
あそぼう

どんぐりゴマ

3〜5歳
1人〜

お散歩で拾ってきたどんぐりでコマを作りましょう。

① どんぐりの笠部分の中心にキリで穴を開け、開けた部分につまようじをさします。

集めやすいどんぐり
コナラ／クヌギ／マテバシイ／シラカシ

② つまようじをつまんでねじり、くるくる回しましょう。

バリエーション

どんぐりに顔を描いてみたり、絵の具でどんぐりに色をつけたりしても、楽しむことができます。また、どんぐりで「マラカス」や「やじろべえ」を作ってみても、楽しいでしょう。

POINT

どんぐりを穴を開ける前に5分ほど茹でましょう。柔らかくなり、キリが通りやすくなります。また、殺菌効果や殺虫効果もあります。

リースを作ろう

園庭や公園で拾った落ち葉やどんぐり、松ぼっくりでリースを作りましょう。

① ダンボールを作りたいリースの形にします。

② ボンドで落ち葉や枝、どんぐりや松ぼっくりをダンボールに貼りましょう。

POINT

子どもたちの作った作品を保育室に飾ると、お互いに友達の表現を楽しむことができます。また、行事のときに、リースで飾りつけをしてみてもよいでしょう。

バリエーション

リボンや布などを準備しておくと、アレンジの幅が広がります。また、サツマイモのツルでリースを作ってもよいでしょう。ボンドや針金などで木の実をとめます。

砂場で
あそぼう

山や川を作ろう

3〜5歳

1人〜

砂を使ってお山や、川を作ってあそびましょう。
砂あそびは、子どもたちが大好きなあそびです。
子どもたちの発想力や表現力が育まれます。

高低差を作ると、
水が流れやすく
なります。

① 山を作ったり、水を流して
川を作ったりしましょう。

② 山の真ん中に穴をあけて、トン
ネルを作ってもよいでしょう。

POINT

「水をどうやって運んだらよいか」
など、子どもが考えることも大切
な経験です。スコップやバケツな
ど、砂あそびで使える道具をたく
さん用意しておきましょう。また、
砂場用の服を用意しておくと、泥
だらけになっても気にせずにあそ
べます。

バリエーション

大きな穴を掘って、お風呂ごっこ
をしたり、泥団子を作ったりして
楽しむ子どももいるでしょう。
また、磁石で砂鉄さがしなどをし
てもよいでしょう。

宝物を探そう

3〜5歳

2〜10人

砂場に隠された宝物を見つけるあそびです。
宝物を隠せる場所があれば、砂場以外でもあそぶことができます。

①

スコップで砂を掘り、砂の中に
隠された宝物を探します。

POINT

スーパーボールや貝
殻、キラキラ光る石
など、子どもたちが
見つけて喜ぶ宝物を
隠しましょう。

②

宝物を隠すグループと探す
グループに分かれることで、
あそびの分散につながります。

バリエーション

砂場だけではなく、遊具や室内な
ど、宝物を隠す範囲を広げるとよ
り大勢で楽しめるとともに、密集
を避けることができます。

エリア **2** 砂場であそぼう

流しスーパーボール

4〜5歳
1人〜

配管を半分に切ったものを使って、砂場であそびましょう。
配管を置くスペースがあれば、あそぶことができます。

① 配管を使って、コースを作ります。

③ スーパーボールを上から流しましょう。

② 流しそうめんのようにコースに水を流します。

バリエーション

スーパーボール以外のものを流したり、配管から漏れる水で泥あそびをしたりしても楽しいでしょう。また、配管に水を流さなければ、室内であそぶこともできます。

POINT

コースは、子どもたちが考えます。傾きや曲がり方によって、ボールの転がりや水の流れが変わることを知ることも大切な経験です。また、半分に切った配管は、紙やすりであらかじめ削って滑らかにするなどの対策をとり、ケガには気をつけましょう。

砂場であそぼう

棒たおし

3〜5歳

2人〜

砂山の上に棒を立て、その棒をたおさないように
少しずつ砂をとるあそびです。
山を作ることができる砂の量があれば、あそぶことができます。

① 砂山を作り、その上に
棒を1本立てます。

② 砂を少しずつとって
いきます。

④ てっぺんの棒をたお
したほうが負けです。

③ 力の入れ方などを
考えながら、あそ
びましょう。

バリエーション

「とった砂の量が多いほうが勝ち」というよ
うにルールを変えてもよいでしょう。また、
屋外で棒たおしができないときは、お手玉を
山のように積み、真ん中に立てた棒がたおれ
ないように、1つずつお手玉を取っていくと、
屋内でも楽しむことができます。

POINT

棒は、プラスチックの
スプーンなどを使って
もよいでしょう。

草むらで
あそぼう

花かんむり

4〜5歳

1人〜

草むらに咲いているシロツメクサで花かんむりを作ります。
自然を感じながら、指先を使って楽しみながらあそびましょう。

① 2本の花の
茎を交差さ
せます。

② 交差させた上の部
分を下の茎に巻き
つけます。

③ 3本目も②と同じよ
うに上に置き、下の
茎に巻きつけます。

④ ③をくり返し、頭に巻けるくらい
の長さまで編んだら、最初の花と
最後に編んだ花を結びましょう。

バリエーション

シロツメクサだけでなく、タンポポ
やクローバーなど、いろいろな花や
草でかんむりを作るとより楽しむこ
とができます。また、シロツメクサ
の葉はクローバーです。四つ葉のク
ローバーを探してみましょう。

POINT

**子どもたちが慣れるまでは、
作り方を見せるとよいで
しょう。また、花かんむり
を作るのが難しい子は、指
に花を一輪巻いて指輪を
作ってみましょう。**

草むらで
あそぼう

虫とり

園庭や公園にいる虫をつかまえましょう。
つかまえた虫は大切に扱うよう伝えます。

手や網で虫を自由に
つかまえましょう。

POINT

虫は草むらに多くいます。
園によっては、虫とりの
ために雑草を刈らず、草
の生い茂るような場を意
図的に作っています。
また、命の大切さに触れ
るきっかけにもなります。

POINT

網を使う場合は、周りの人に網が
ぶつからないよう十分注意しま
しょう。虫とりは夏のあそびです
が、虫さされが気になるところで
す。薄手の長袖や長ズボンであそ
ぶなどの対策を取りましょう。

バリエーション

つかまえた虫を、図鑑で探し
てみてもよいでしょう。

エリア 3

草むらで
あそぼう

オナモミで あそぼう

3〜5歳

1人〜

オナモミなどのくっつきむしを布にくっつけてあそびましょう。
くっつきむしがあれば、どこでもあそぶことができます。

① たくさんのくっつきむしを用意します。

② 洋服にくっつきむしをくっつけ、形を作りましょう。

バリエーション

得点を書いた布を壁に貼り、くっつきむしを投げて、得点を競ってもよいでしょう。

POINT

子どもたちと一緒にたくさんのくっつきむしを用意しましょう。草むらには、手を切りやすい草などもあるので、十分注意しましょう。

ふわふわな草を探そう

3〜5歳　1人

草むらにはえているふわふわな草を探しましょう。

①

「ふわふわな草はあるかな？」
と声をかけてみましょう。

②

タンポポの綿毛やねこじゃらしなど、
ふわふわした草を探しましょう。

POINT

ときどき草で手を切ったり、
皮膚がかぶれたりする子も
います。一人ひとりの状況
把握に努めましょう。

バリエーション

ふわふわ以外にも、サラサラやトゲト
ゲなど、いろいろな触感の草がありま
す。「どんな草があるかな？」と声を
かけ、子どもたちのいろいろな表現を
認めていきましょう。

ハーブを楽しもう

3〜5歳

1人〜

園でハーブを育ててみましょう。プランターで育てる
ことができるハーブもたくさんあります。

①

ハーブは育てやすい植
物です。花壇やプラン
ターでハーブを育てて
みましょう。

②

ハーブなどの植物を育てると
きは、プランター、土、ジョ
ウロ、育てたいハーブのタネ
や苗を用意します。また、ハー
ブは春から秋まで植えること
ができます。

バリエーション

園で育てたハーブを使った料理
を子どもたちと一緒に作ってみ
てもよいでしょう。

POINT

ハーブはいろいろな香りを
楽しめます。また、すぐに
増えるものが多いことから、
おままごとの材料にしてあ
そんでもよいでしょう。

3〜5歳

2人

くさずもう

草を摘み、茎を引っ張り合ってあそびましょう。
2人で引っ張り合うスペースがあれば、
どこでもあそぶことができます。

①

茎を両手で持って、U字に絡ませ
て引っ張り合いっこしましょう。

②

茎が切れてしまったほ
うの負けです。

POINT

どのような草が強いのか、
考えながら探します。また、
茎の長さがある程度ないと、
茎を絡ませられないので、
根元から茎を抜くよう声を
かけましょう。

バリエーション

ぺんぺん草の実がついた茎を耳元で
振り、音を鳴らすあそびなど、いろ
いろな草花あそびができます。

体を動かしてあそぼう

風とあそぼう

3〜5歳

1人〜

風を使って、リボンをなびかせたり、凧あげをしたりしましょう。
自由に走り回れる広いスペースであそびましょう。

リボンをなびかせよう

① 新聞紙で作ったバトン
（→P.107）を手に持ち、
自由に走り回りましょう。

② 風でリボンがなびきます。

バリエーション

作ったバトンでリレーを
したり、お遊戯会で使った
りしてもよいでしょう。

POINT

自分で走り回って風を
集めるので、走り回る
スペースがあれば、室
内でも凧をあげること
ができます。

ビニール凧あげ

① ビニール袋で作った凧（→P.117）
で凧あげをしましょう。

缶けり

鬼ごっことかくれんぼを合わせたようなあそびで、
数人で行います。缶を置く場所と隠れる場所を
確保できるスペースであそびましょう。

①

缶の周りに円を
描きます。

②

鬼以外の人が缶を
けります。鬼以外
の人は、鬼が缶を
拾いに行っている
間に隠れます。

③

鬼は隠れている人を見
つけたら、名前を言い
ながら缶をふみます。

④

鬼が缶から離れている間に、
隠れる側の子が缶をけった
ら、最初からやり直します。

⑤

鬼が隠れている人全員
を見つけられたら、鬼
の勝ちです。

POINT

ボールなど、缶以外で
子どもたちが使いやす
いものを使ってもよい
でしょう。

バリエーション

警察と泥棒に分かれるケイドロも缶
けりと似ています。缶がないときで
も楽しむことができます。

エリア **4**

体を動かしてあそぼう

ボールあそび

3〜5歳

1人〜

ボールを上に投げたり、下に投げたりして自由にあそびましょう。
ボールを自由に投げられる広いスペースがあるとよいでしょう。

POINT

ボールがどこかに飛んでいってしまうこともあるため、広いスペースを用意しましょう。

下に打ちつけたボールや上に投げたボールをキャッチしましょう。

バリエーション

1人でボールあそびをするだけでなく、だれかと投げ合ってもよいでしょう。また、想像上のボールを投げる「シャドーボール」をすると想像力がふくらんで楽しむことができます。

投げるよ！

影ふみ鬼

4〜5歳

5〜8人

鬼に影をふまれないように逃げるあそびです。
自由に走り回れる広いスペースであそびましょう。

POINT

位置によって影の方向や長さが変わることに気づくことができるあそびです。また、だれが鬼かわかりやすいよう、帽子を裏返すなどの工夫をします。

①
鬼が10数えている間に、鬼以外の子たちは鬼から離れます。

②
追いかけてくる鬼に影をふまれないようにします。

③
影をふまれた人が次の鬼になります。

バリエーション

「しっぽ取り鬼」「こおり鬼」、遊具をさわっている間はつかまらない「遊具鬼」など、いろいろな鬼ごっこがあります。環境に合った鬼ごっこを楽しみましょう。

(しっぽ取り鬼)

傘袋ロケットを飛ばそう

空気を入れた傘袋ロケットを思いきり遠くに投げましょう。
ロケットを飛ばすことができるスペースであそびましょう。

② 飛んだ距離を友達と競い
合ってもよいでしょう。

① 傘袋で作ったロケット
（→P.116）を遠くに向
かって投げましょう。

POINT

風の有無や装飾の重さ
によってロケットの飛
び方は変わってきます。
いろいろ試して、その
違いを楽しみましょう。

バリエーション

空気を入れた傘袋でチャンバラあそび
をしてもよいでしょう。傘袋は、室内
でも楽しめます。いろいろなあそびを
子どもたちと考えてみましょう。

エリア **4**

体を動かしてあそぼう

明日天気に なあれ

3〜5歳

1〜5人

けり出した靴の向きで、明日の天気を占うあそびです。
靴を飛ばすことができるスペースであそびましょう。

①

履いている靴をけるよう
に投げましょう。

POINT

靴が別の子に当たら
ないように、周りに
注意しましょう。

②

靴の向きによって天気の
結果が変わります。

晴れ：表向き
くもり：横向き
雨：裏向き

③

飛ばした靴は、ケンケン
で取りに行きます。

バリエーション

靴を脱がしながらけるのが
難しい子は、サンダルを用
意してあげましょう。

エリア **4** 体を動かしてあそぼう

ケンケンパ

3〜5歳

1人〜

円を描くかわりに、フープでコースを作ります。
フープを広げられるスペースであそびましょう。

① フープを使って5〜8mくらいのコースを作ります。

② フープが1つのところは片足、フープが2つのところは両足で立ちます。

POINT

フープ同士の間隔を広げると、難易度が高くなります。子どもたちと一緒にコースを作ってもよいでしょう。

バリエーション

両側から、ケンケンパで進み、出会ったところでじゃんけんをすると盛り上がります。

エリア **4**

体を動かしてあそぼう

かんぽっくり（竹馬）

3〜5歳

1人〜

馬のようにパカパカとリズムに乗って歩きましょう。
自由に動くことができるスペースであそびましょう。

①

右手と左手でロープを持って、同じ側の手足を一緒に動かします。

②

竹馬も同じように、同じ側の手足を一緒に動かして、前へ進みます。

POINT

はじめはバランスが取りにくいので、乗るときや進むときに前から支えてあげるとよいでしょう。

バリエーション

缶を工作するのは危ないので、ダンボールでダンボールぽっくり（→P.113）を作ってもよいでしょう。

タイヤで
あそぼう

地面に埋まっているタイヤや置いてある
丸いタイヤを使ってあそびましょう。

① タイヤの下をくぐっ
たり、タイヤの上を
跳び箱のように跳ん
だりしましょう。

② タイヤにひもをつけ、どこまで引っ
張れるか勝負してもよいでしょう。

POINT

タイヤは何通りものあ
そび方ができます。子
どもたちと一緒にタイ
ヤを使ったあそびを考
えてみましょう。

バリエーション

タイヤをゴロゴロと転がすだけ
でも楽しめます。タイヤを転が
すときは、子どもたちの身長の
半分くらいの大きさのタイヤを
用意しましょう。

鉄棒で
あそぼう

3〜5歳

1人

鉄棒で、いろいろなポーズや技をしてあそびましょう。

（ ブタの丸焼き ）

鉄棒にぶら下がり、足を鉄棒にかけます。

（ ツバメ ）

お腹の部分を鉄棒に当て、腕を伸ばします。その後、足を前後に揺らします。

（ ダンゴムシ ）

ひじを曲げたまま、鉄棒にぶら下がります。

POINT

鉄棒から落ちると危ないので、下にマットを敷いておくとよいでしょう。

バリエーション

このようなあそびを通じて、逆さまの姿勢や、鉄棒を握ることに慣れたら、前回りや逆上がりに挑戦してみてもよいでしょう。鉄棒でできる技が増えます。

（ 布団干し ）

お腹の部分を鉄棒に当て、半分に体を曲げます。

エリア
5

遊具で
あそぼう

たいこばし
であそぼう

4〜5歳

1〜3人

たいこばしを登ったり降りたりしてあそびましょう。

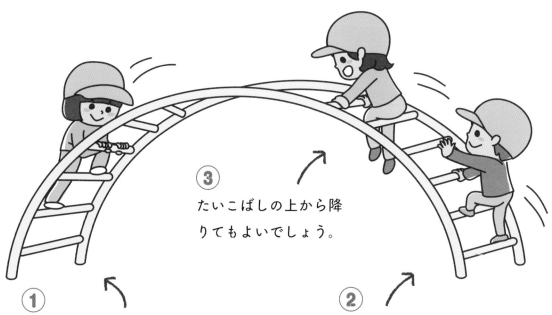

③ たいこばしの上から降りてもよいでしょう。

① 持ち手をしっかりつかんで、頂上まで登りましょう。

② 頂上で体の向きを変え、降りましょう。

POINT

落ちても大丈夫なよう、下にマットを敷いておくと安全です。登り降りの方法を先に先生が見せてあげてからあそぶと、子どもたちも安全な登り降りの仕方を想像しやすくなります。

バリエーション

じゃんけんで一段ずつ登って、頂上まで先に登ったほうが勝ちになるようなゲームをしても楽しむことができます。

遊園地を作ろう

4〜5歳

3〜8人

園庭の遊具と巧技台を自由に組み合わせて、
遊園地を作りましょう。

GOAL

START

① 設置されている遊具が
つながるよう、好きな
巧技台を使って、自由
にコースを作ります。

② 作ったコースで、多様な動きを身
につけながらあそびましょう。

バリエーション

室内で巧技台を使うときは、ダン
ボールなどと組み合わせて遊園地を
作ります。どのような遊園地が楽し
いか、子どもたちと一緒に考えてみ
ましょう。

POINT

遊具から降りてきた子と
地面を進んでいる子がぶ
つからないよう、あらか
じめ進む方向を決めてお
きましょう。

エリア**6**

木の周りで
あそぼう

木の実を
集めよう

3〜5歳

1人

新聞紙バッグにお散歩で拾った木の実を入れましょう。

①

作った新聞紙バッグ（→P.55）
に木の実を集めましょう。

集めやすい木の実
どんぐり／マツボックリ／ホオズキ

バリエーション

集めた木の実は、どんぐりゴマ
（→P.60）やリース（→P.61）な
どの工作で使いましょう。

POINT

どんな葉っぱや実を
集めたか、みんなで
報告会をしても楽し
めます。

エリア **6**

木の周りで
あそぼう

いろいろな
形を探そう

3〜5歳

1人

自然の中からいろいろな形を見つけましょう。

① 「丸いものあるかな？」と声をかけ、石や木の実など丸いものを見つけましょう。

② 慣れてきたら、自分で丸や三角など、同じ形の葉や木の実を探してみても楽しいでしょう。

バリエーション

形だけでなく、同じ色を探してみてもよいでしょう。

POINT

子どもが見つけたものは、すべて宝物になります。大切に扱ってあげましょう。

水あそびをしよう

暑い夏の時期は、水あそびをしましょう。
水を怖がる子もいるかもしれないので、最初はプールではなく、
園庭で水道にホースをつないで、水に慣れるようにしてあそびましょう。
保育者が少ないときは、子どもたちへの目が届きにくくなるため、水あそびは避けましょう。
着替えの場所が密にならないようにしましょう。さらに、ウイルス感染が
拡大しているときも、水あそびは行わないほうがよいでしょう。

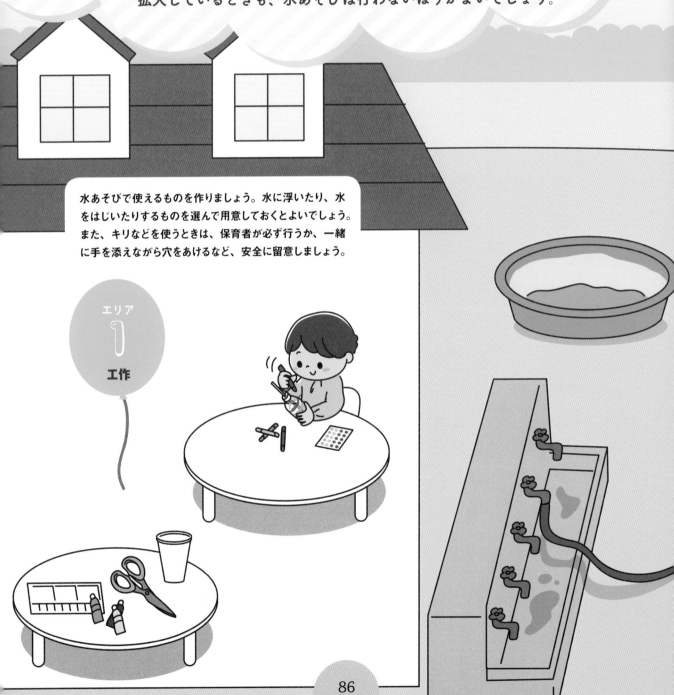

水あそびで使えるものを作りましょう。水に浮いたり、水
をはじいたりするものを選んで用意しておくとよいでしょう。
また、キリなどを使うときは、保育者が必ず行うか、一緒
に手を添えながら穴をあけるなど、安全に留意しましょう。

エリア
1
工作

夏の暑さ対策

　夏の暑い時期は、子どもたちの熱中症も気になります。子どもは大人と違い、自分の不調を言葉にするのが難しく、上手く伝えられないことも多いため、熱中症にならないよう、周りにいる保育者が気を配る必要があります。

　水あそびは、体の体温を下げることにも効果的です。しかし、長時間、外にいることになるため、子どもたちが喉の渇きを感じていなくても、こまめに水分と塩分を摂るようにしましょう。

　また、暑い時期は屋内でも熱中症にかかることがあります。室温をこまめに確認し、エアコンや扇風機で温度や湿度を調整しましょう。

エリア
2
バケツ

いろいろな大きさのバケツを用意してあそびましょう。広めの浅いバケツにものを浮かべたり、小さめの深いバケツで水を汲んだり、たくさんのあそび方ができます。

エリア
3
ホース

水道にホースをつないでおくと、子どもたちが自由に水を汲むことができます。また、子どもたちに水をかけてあそんでもよいでしょう。

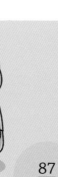

作って あそぼう

水でっぽう を作ろう

3〜5歳

1人〜

空のペットボトルを使って、
水でっぽうを作りましょう。

① ペットボトルのキャップ
の真ん中に、穴をあけ、
ストローを通します。

② ペットボトルにビニールテー
プやペンで自由にアレンジし
ます。

③ ペットボトルに水を入れ、
ストローを通したキャッ
プを閉めたら、完成です。

バリエーション

友達と水をかけ合うだ
けでなく、発泡スチ
ロールなどをめがけて
的当てゲームをしても
よいでしょう。

POINT

ペットボトルキャップに穴を
あける際はキリなど尖ったも
ので穴をあける必要がありま
す。穴をあけるのが難しい場
合は、マヨネーズの容器など
で代用しましょう。

船や魚を作ろう

水に強い素材を使って、水に浮かべるための
いろいろなものを作ってみましょう。

①

発泡スチロールのトレーに紙
コップを貼ります。紙コップ
に短く切ったストローをつけ
ると、より船の形になります。

②

発泡スチロールに魚の絵を描き
ます。魚の形に沿って発泡スチ
ロールを切りましょう。

POINT

**船は、プラスチックのコップ
に自由にお絵描きをしましょ
う。また、どのような船がよ
く浮かぶかを考えながら作る
と自然への探究心をもつこと
につながります。**

バリエーション

船を作るのが難しい場合は、発泡スチ
ロールにお絵かきをするだけでも船にな
ります。いろいろなものを作って楽しみ
ましょう。また、傘袋なども水に浮きま
す。たくさんの素材を用意しましょう。

エリア **2** バケツであそぼう

浮かべてあそぼう

3〜5歳

1人〜

いろいろなものを浮かべてあそびましょう。広いスペースに
バケツをたくさん置いておくと、大勢であそべます。

作った船や魚を浮かべましょう。

バリエーション

スーパーボールなど、水に浮くもの
をたくさん用意してあそびます。

POINT

濡れても大丈夫な衣
服を着て、あそびま
しょう。

エリア
2

バケツで
あそぼう

3〜5歳

2〜3人

1章　場所に分かれてあそぼう

金魚すくい

魚の形をしたしょうゆ差しを水に浮かべ、
すくうあそびです。

① バケツに魚をたくさん浮かべます。

ポイは破れるので、たくさん用意しておきます。また、ポイを使うのが難しい子は、ひしゃくやスコップ、小さな網などですくってもよいでしょう。

② ポイやひしゃくなど、すくえるものとお椀を用意し、魚をすくいましょう。

バリエーション

しょうゆ差しにペンでお絵描きをしても楽しめます。また、魚以外のものを浮かべて、すくってもよいでしょう。

簡単シャワー

牛乳パックで簡単なシャワーをつくりましょう。

①

牛乳パックの底にたくさん穴をあけます。

②

水をすくうと、シャワーのように底から水が流れます。

POINT

ペットボトルに穴をあけても、シャワーになります。大量の水に触れるのが怖い子は、まずは牛乳パックのシャワーで慣れるようにしましょう。

バリエーション

レジ袋やコップに「水を入れて、捨てる」を繰り返すだけでも楽しいあそびになります。

ホースで
あそぼう

ホースシャワー

3〜5歳

1〜10人

古くなったホースに穴をあけたら、シャワーに大変身します。
長いホースが広げられるよう、広いスペースであそびましょう。

①

ホースに小さな穴
をたくさんあけま
しょう。

②

上に設置してシャ
ワーにしたり、下
に設置してスプリ
ンクラーにしたり
しましょう。

POINT

暑い夏にぴったりなあそび
です。プールでなくても、
十分水あそびを楽しむこと
ができます。水に濡れるの
で、水着に着替えるか、着
替えを用意してから、あそ
びましょう。

バリエーション

ホースの先に、マヨネーズなどの容器
に穴をあけたものを取りつけると、噴
水のようになります。また、水で濡れ
て柔らかくなった土で泥あそびをして
もよいでしょう。

93

乳児のあそび方

　0歳〜2歳ごろの乳児には、「みんなとあそぶ」という概念ができていません。それぞれ各自が好きなあそびをするので、「拠点の分散」が自然と成り立ちます。また、興味・関心を持てる場が多いほうが子どもたちにとってはよいことなので、その点を考慮して、環境を作っていきます。

　集団あそびの概念が芽生えてくるのは、3歳ごろから。ごっこあそびをしたり、だれかの真似っこをしたり、少しずつ自分たちでルールを作ってあそぶようになります。

　乳児たちが興味・関心を持ってあそべる場をできる範囲で増やし、五感を使ってあそびましょう。ここでは、室内でつっぱり棒を使ってできる簡単なあそびを紹介します。

クモの巣をくぐろう

部屋のドアを開け、つっぱり棒を入り口の上下に50cmの間隔で設置します。つっぱり棒にゴムひもを何本か結び、クモの巣のように張りめぐらせます。子どもたちに「こっちだよ」と声をかけることで、子どもたちはゴムひもをくぐって、保育者のもとへ向かってきます。その際、首が締まらないよう、留意しましょう。

50cm

作ってあそぼう

工作をすることで、拠点が必然的に分散されます。
また、工作をすることであそびのバリエーションが増えるとともに、
あそびへの思い入れも増し、よりあそびを発展させることにつながります。
この章では、自分たちであそび道具を作る方法、
その道具を使ったあそび方を紹介します。

工作部屋を作ろう

いろいろなものを作るのも、あそびの1つです。
材料をたくさん用意して、
子どもたちが自由に作ってあそべる環境を作りましょう。
ここでは、工作部屋の作り方のヒントや留意点を紹介します。

材料銀行や廃材エリアでは、好きな材料を子どもたちが選べるよう、たくさんの材料を用意しましょう。子どもたちは、布やリボンの切れ端、画用紙や色画用紙の残りなどでも自由に工作を楽しむことができます。余った材料を取っておきましょう。また、箱や棚ごとに材料を分けておくと、子どもたちが好きな材料をすぐに見つけることができます。

材料銀行

ダンボールやペットボトル、枝など、使い終わったものも工作に使えます。お散歩に行って、拾ってきたものを集めておくとよいでしょう。外で拾ってきたものは、汚れていたり、虫がいたりします。きちんと洗って消毒をして、工作の材料に加えましょう。

ぬの
いろがみ
リボン
ゴム

このページでは、材料、道具、工作する場所の作り方について紹介しています。次ページ以降は、材料ごとの工作例を紹介しています。また、それぞれのタイトル横の風船には、主に使う道具と身につく力を紹介しています。あそびの提案が必要な際はぜひ、子どもたちに身につけたい力やできることに合った工作を検討してください。

道具エリア

好きな材料を選んだら、次は工作をするために必要な道具を選びましょう。材料と道具の組み合わせはたくさんあります。机の上に、ハサミやのり、絵の具などをたくさん用意し、子どもたちが道具を自由に使える環境を作ることが大切です。また、ハサミなど扱いに注意が必要な道具もあります。使い方も指導しましょう。

工作エリア

材料と道具がそろったら、工作できる場所を作りましょう。たくさん机を広げて、机ごとに材料を分けてもよいですし、床で工作してもよいでしょう。材料や道具が取り合いにならないよう、机ごとに道具を用意しておくと、順番に道具を使うことができます。また、絵の具あそびは水道と近いところがよいでしょう。

いろいろ

あつめる

材料銀行

3〜5歳

10〜15人

材料をたくさん集めて、
いつでも自由に使える場所を作りましょう。
いろいろな素材は、子どもたちのイメージをふくらませます。

① 材料を集めて、棚や箱に分けて
入れておきましょう。

② 自由に材料を取って、
工作しましょう。

ぬの

いろがみ

リボン

ゴム

バリエーション

自由に材料を取るだけでなく、
材料を追加できるようにしてお
くと、子どもたちが家から材料
を持ってくることができ、工作
の幅が広がります。

POINT

1つの工作で使って余っ
た材料は、他の工作でも
使えます。使っていない
ものと、使っているもの
で分けて置いておくとよ
いでしょう。

紙トンボ

色紙を使って、紙トンボを作りましょう。

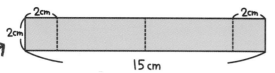

① イラストのように、色紙を縦2cm、
横15cmに切ります。端を2cm四方
で印をつけておきましょう。

バリエーション

「厚めの紙」で作ると、丈
夫な紙トンボが作れます。
また、牛乳パックで作って
もよいでしょう。

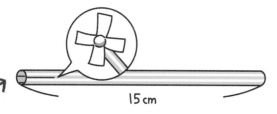

② ストローの先に4か所切り込みを入れ、
切った部分を外側に折ります。

③ ①で作った紙の中心に②で開いたスト
ローの切り込み部分を貼り付けます。

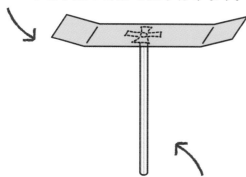

POINT

紙トンボを飛ばすとき、どち
らの手を前に出して飛ばすか
で羽根の角度を変えましょう。
何回かチャレンジしながら、
高く飛ぶ方法を考えていくよ
うにします。

④ ①で印をつけた両端2cm四方を飛ば
しやすいように角度をつけます。

紙飛行機

3〜5歳

1人〜

折り紙で、紙飛行機を作りましょう。
どこまで飛ぶか勝負しても楽しめます。

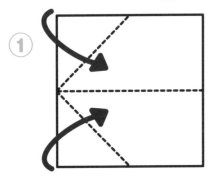

① 折り紙を半分に折り、折り目を
つけます。

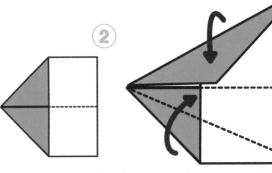

② ①の折り目に合わせて、両端を折り
ます。さらに中央の折り目に合わせ
て、両端を折ります。

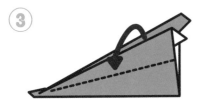

③ 両端を山折りに折り返します。

バリエーション

ハートやカエルなど、いろいろな
折り方で折り紙を楽しみましょう。

POINT

どの形の紙飛行機が飛ぶ
のか、子どもたちと翼の
角度をいろいろ変えて、
工夫しながら作ってみま
しょう。

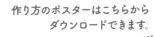

作り方のポスターはこちらから
ダウンロードできます。

折る 色紙 3〜5歳 1人〜

ことんこ

折ったものを机の上で立てると、ひっくり返ります。

①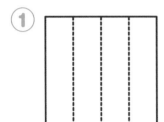

折り紙が4等分になるよう、折り目をつけます。

②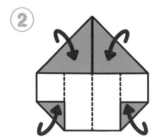

上の角を真ん中の折り目に合わせて、折ります。下の角は、4等分の線に合わせて折りましょう。

③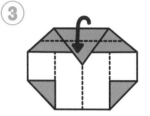

上の角を下に2回折り、外側の線を内側に曲げます。

④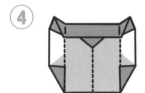

下の折った部分が机に触れるように置きましょう。

完成したものを机の上で立てると、ひっくり返り、1回転します。

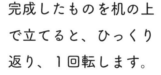

POINT

うまくことんこが回らない場合は、折り紙に角度がつきすぎている可能性があります。少し広げてあげましょう。

バリエーション

トントン相撲など、折り紙が動くものを作っても楽しむことができます。

作り方のポスターはこちらから
ダウンロードできます。

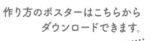

色紙

切る・塗る

魚つり

3〜5歳

2人〜

自分たちで作った魚を、釣りざおで釣りましょう。
磁石の力を使えば、簡単に釣りざおを作ることができます。
磁石に興味をもつきっかけになることもあります。

① 色紙や色画用紙を魚の形に切り、お絵描きをします。

② 魚にゼムクリップをつけましょう。

POINT

床に、魚をたくさん置いて、魚つりを楽しみましょう。子どもたちの発達段階に合わせて、少し高いところからつるなど難易度を変えても楽しむことができます。

③ 割り箸と糸で釣りざおを作りましょう。糸の先に、磁石をつけます。年齢によって、糸の長さを変えてあげるとよいでしょう。

バリエーション

ダンボールやビニールシールなどで境界を作り、池を作ってもよいでしょう。

ちぎる・貼る 色紙

ちぎってはって

3〜5歳
1人〜

色紙を自由にちぎって、画用紙に貼りましょう。
指先を使う運動にもなります。

好きな色の色紙をちぎって、のりで画用紙に貼ります。

POINT

ちぎって余った色紙は、材料銀行（→P.98）に戻しましょう。また、材料は、使いかけの色紙を使っても十分楽しめます。

バリエーション

折り紙以外にも絵の具やリボンを用意すると、ちぎり絵だけでなく、他の材料を組み合わせた作品ができ、表現の幅が広がります。

牛乳パック UFO

切る・塗る 牛乳パック

3〜5歳 1人〜

牛乳パックでよく飛ぶUFOを作りましょう。
ふんわり飛んでいきます。

①
牛乳パックを継ぎ目部分で開き、イラストのように、真ん中の2面から1cmと飲み口の部分を残して切りましょう。

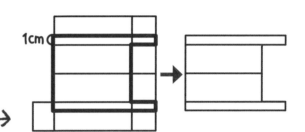

1cm

②
模様の幅が同じになるように目印をつけ、縦に模様を描きましょう。飛ばしたときにどのように見えるかを楽しむこともできます。

③
牛乳パックを半分に折り、模様に合わせて、牛乳パックを切ります。

④
円になるように、つなぎ合わせます。完成したら、投げてあそびましょう。くるくると回って飛んでいきます。

POINT

模様を均等に描くのが難しい場合は、先に切る幅を決めて、点線を描いてから、模様を描くとよいでしょう。

バリエーション

紙コップの底の部分を残し、切って広げてもUFOになります。

牛乳パック
折る・貼る

橋を作ろう

3〜5歳

1人〜

牛乳パックで簡単に橋を作りましょう。
牛乳パックを何個もつなげて、自由にコースを作りましょう。

① 牛乳パックの中に、潰して折り曲げた牛乳パックを3〜5枚ほど入れられるだけ詰めます。

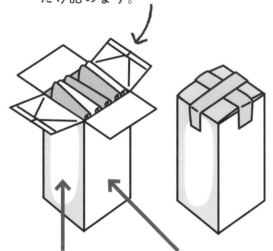

こちらを上にすると強度が弱まります。

こちらを上にします。

② 自由にコースを作りましょう。壁につけておくと、壁をつたいながら歩くことができます。

バリエーション

両端から進み始め、ぶつかったらじゃんけんをして、負けたら最初から進むというあそびをしても楽しむことができます。

POINT

牛乳パックを中に詰めないと、強度が弱く、子どもたちが乗ると、潰れてしまいます。きちんと、頑丈な橋を作りましょう。

新聞紙

折る・切る

新聞フリスビー

3〜5歳

1人〜

新聞紙を折り曲げて、フリスビーを作りましょう。
どこまで飛ぶか勝負してもよいですね。

① 新聞紙を広げ、細長く折ります。

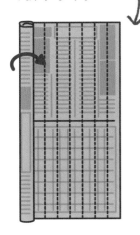

② 細長く折ったものを円にします。

③ ②の円に合わせて、紙を丸く切り、円になった新聞紙をテープでくっつけます。

バリエーション

円に合わせて丸く紙を切るのが難しい場合は、1枚の広げた新聞紙を丸になるよう、端から少しずつ丸めてもよいでしょう。

POINT

③のくっつける紙に、お絵描きをするともっと楽しむことができます。また、フリスビーがどこまで遠くに飛ぶか、競争してもよいでしょう。また、キャッチボールのように投げたり、取ったりし合うことも楽しいです。

折る・貼る

新聞紙

バトンを作ろう

3〜5歳

1人〜

新聞紙を筒のように丸め、
バトンを作りましょう。

① 新聞紙を広げ、端から細く巻いていきます。
このとき、何枚か新聞紙を重ねて、最初に細
く折ってから巻き始めると、丈夫になります。

② 巻いた新聞の端にリボ
ンやスズランテープな
どを貼りましょう。

バリエーション

新聞紙を細く巻いていくのが
難しいときは、ラップの芯な
どでも代用できます。長さを
変えてバトンにしたり、丸く
切ったダンボールの中心に十
字に切れ目を入れて通し、剣
にしたりしてもよいでしょう。

POINT

リボンを風になびかせ
たり（→P.72）、お遊
戯会で使ったりしても
よいでしょう。

折る

新聞紙

新聞でっぽう

4～5歳

1人～

上下に振ると大きな音がなる、
新聞でっぽうを作りましょう。

①

半分に綴じてある新聞紙を
半分に折り、真ん中の線に
合わせて四隅を折ります。

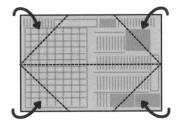

②

角が合うように半分
に折ります。

③

さらに、半分に折
ります。

④

折り目に合わせて、内
側を広げるように折り
たたみ、ひし形にしま
す。反対側も同様に折
ります。

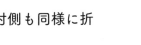

⑤

イラストのように
半分に折ります。

バリエーション

新聞以外にも、色紙やチ
ラシなどでもてっぽうを
作ってみましょう。

POINT

折り目を下に持ち、勢
いよく上下に振ると、
大きな音がなります。
どのような音が出るの
かを楽しむこともでき
ます。

パン!

新聞紙シャツ

新聞紙 **折る・ちぎる**

3～5歳 **1人～**

紙を折ったり、ちぎったりして
シャツを作りましょう。

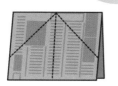

① 新聞紙の綴じてある側を
上にして、縦に半分折り、
折り線をつけます。

② 真ん中の線に合わせ、上の部
分を折ります。下の部分は、
上の折られた部分に合わせ、
まとめて上に折り上げます。

③ 「船長さんが航海に出
かけました」に合わせ
下の折った部分を斜め
に折り、船の形にします。

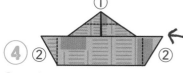

④ 「しばらく行くと嵐に遭い
船の一部が壊れてしまいま
した」に合わせて、三角形
の上の部分①をちぎります。

⑤ 「それでも頑張って
進んでいたら他のと
ころも壊れてしまい
ました」を2回繰り
返し、左右の端②を
ちぎります。

⑥ 「たくさん泳いでやっと島に
着いた頃には嵐もおさまって、
お日様が照っていました。そ
こで船長さんは濡れた服を
脱いで、木に干しました」で、
折った部分を広げると、新聞
紙シャツの完成です。

バリエーション

クレヨンやマジックで絵を描いたり、折り紙な
どでポケットをつけたりしてもよいでしょう。
個性豊かなシャツがたくさんできると楽しいで
すね。また、デザインしたシャツをロープに洗
濯ばさみでとめたり、ハンガーにかけたりする
と、保育室に
飾ることもで
きます。

POINT

「お話」に合わせて、楽
しくちぎります。また、
ちぎる上の三角形の部分
が小さいと、首が通りま
せん。援助も必要です。

ペット
ボトル

詰める

マラカスを作ろう

3〜5歳

1人

ペットボトルにいろいろなものを詰めて、
マラカスを作りましょう。

① 350mℓや500mℓのペットボトルにビーズなどを詰めます。いろいろな大きさのペットボトルを用意し、子どもたちが好きな大きさのペットボトルを選べるようにしてもよいでしょう。

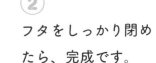

② フタをしっかり閉めたら、完成です。

POINT

ペットボトルの口に入る材料は小さいものが多いので、口に入れてしまわないよう、十分に注意しましょう。

バリエーション

ペットボトルにシールやビニールテープ、ペンでアレンジしてもよいでしょう。中にビーズだけでなく、ドングリや毛糸をつめても、音を楽しむことができます。また、傘袋などで代用することもできます。容器の大きさや形、入れるものの質や量によって音が違うことを楽しみます。

ペット
ボトル

並べる

ペットボトル ボーリング

3〜5歳

2〜3人

ペットボトルをボーリングのピンに見立ててあそびます。

①

三角形になるよう、500mℓや2ℓ
のペットボトルを並べましょう。
ペットボトルの大きさは、年齢に
よって変えましょう。

②

水をペットボトルの3分
の1くらい入れると、倒
れにくくなります。水の
量によって、倒れやすさ
やボールが当たったとき
の音が変わってくること
も体験できます。

バリエーション

水の代わりにビーズやドングリ、砂など
を詰めてもよいでしょう。また、ダンボー
ルでレーンを作っても楽しめます。

POINT

ボールは、大きめの
ボールを用意してもよ
いですし、新聞紙を丸
めて、ボールを作って
もよいでしょう。

電車を作ろう

ダンボールの上下を開いて、電車を作りましょう。
電車の模様を描くと、より電車らしくなります。

① ダンボールの上下を開きます。

② 電車の模様を
お絵描きしま
しょう。

POINT

子どもの大きさに合わせて、
上下のフタを切り取っても
よいでしょう。また、側面
に穴を開けて、紐で持ち手
を作るとダンボールの中に
入ったとき、持ちやすくな
ります。

バリエーション

ダンボールの形を変形させ、新幹線な
どにしてもよいでしょう。また、標識
や線路などを作っても楽しめます。

ダン
ボール

切る・
貼る

ダンボール
ぽっくり

4〜5歳

1人

細長く切ったダンボールを丸めて、
ダンボールぽっくりを作りましょう。

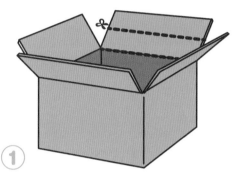

①

ダンボールのフタの短い部分を
2等分して、切り取ります。

②

細長くなるよう、切ったパーツを
つなぎます。

③

なるべく細く丸め
ましょう。これを
2つ作ります。

15cm

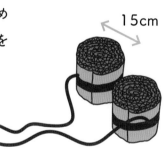

④ 2つをひもでつなぎましょう。

バリエーション

ダンボール以外に、牛乳パック
でもぽっくりを作れます。牛乳
パックは、中に牛乳パックをつ
めて、強度を補強しましょう。

POINT

竹馬や缶ぽっくり（→P.79）が難
しい子でもチャレンジできます。
2つをつなぐひもが取れると危な
いので、キリなどで穴をあけ、ひ
もを通しましょう。また、ひもの
長さが子どもに合うように調整し
ましょう。

秘密基地

ダンボールを組み立てて、秘密基地を作りましょう。
自分だけでも、みんなで入っても楽しむことができます。

① ダンボールの上のフタは三角形になるようにして、屋根を作ります。

② ドアや窓をあけてもよいでしょう。

③ 自由に絵の具やペンでお絵描きをします。

POINT

子どもの発想で、中にはキッチンやベッドができることもあります。部屋を広げていってもよいでしょう。楽しいごっこあそびが続きそうです。カッターを使う際は、安全に留意します。

バリエーション

ダンボールを開いて、輪になるようにして、上にダンボールをかぶせるだけでも秘密基地が作れます。子どもが考えて作ることが大切です。

折る・貼る

ダンボール

4〜5歳

1人〜

迷路

ダンボールを組み合わせて、自由にコースを作り、迷路にしましょう。
ひと部屋使うと、より楽しむことができます。

①

ダンボールを開き、三角形になるように貼り、柱を作ります。

POINT

ダンボールが三角形になるように柱を組み立てると頑丈になります。床にダンボールを貼り、固定しておくとあそんでいる途中で崩れる危険性が減ります。

② ダンボールをたくさんつなぎ合わせ、コースを作ります。

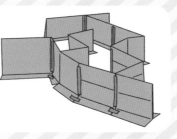

スタート

③ 最後に屋根を貼りつけます。みんなで、迷路を楽しみましょう。

バリエーション

ダンボールが三角形になるように組み立てるのが難しい場合は、ダンボールを開いたまま、片方のフタを外側に折り、床と固定してもよいでしょう。

ビニール袋

切る・貼る

傘袋ロケット

3〜5歳

1人〜

傘袋を使って、ロケットを作りましょう。
傘袋の中に空気をどれだけ入れられるかで、
ロケットが飛ぶ距離も変わります。

①

傘袋の閉じているほう
が三角形になるように、
両端を折り、空気が入
らないようにテープで
貼りつけます。

②

ペンやシールなどで
アレンジをします。

バリエーション

ロケットの下に、色画用紙などで三角形の羽
をつけてもよいでしょう。また、ロケットの
先にビニールテープを貼ると重みになります。
重みによっても飛び方が変わってきます。い
ろいろ試してみましょう。

POINT

入れた空気が抜け
てしまわないよう、
すぐにテープでと
めてあげましょう。

③

ストローを使っ
て、袋に空気を
入れます。

ビニール袋

貼る・結ぶ

凧を作ろう

3〜5歳

1人〜

レジ袋を使って、凧を作りましょう。
袋にひもを結んだら、完成です。

① 袋にシールやペンで自由にアレンジ
します。

② 持ち手の部分をビニールひも
や毛糸で結んだら、完成です。

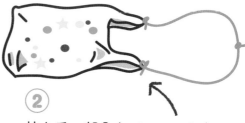

POINT

ひもは長くなりすぎない
よう、150cmくらいを目
安とします。走ることが
楽しくなります。年齢が
低い場合は、さらにひも
の長さを短くしましょう。

バリエーション

袋の口をしばって、ボールのように
して、投げ合ってもよいでしょう。

切る・塗る・貼る

紙皿

でんでんだいこ

3〜5歳
1人〜

紙皿で、でんでんだいこを作りましょう。
速く動かすと、音がなります。

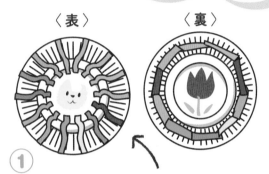

〈表〉　〈裏〉

① 紙皿の底の部分にシールや折り紙、クレヨンなどで自由にアレンジします。

② デコレーションをしていない内側に割り箸をテープでとめます。そのとき、ビーズを先につけた糸も2本とめましょう。

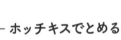

← ホッチキスでとめる

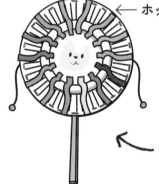

③ 割り箸をはさむように、紙皿を2枚重ねて、ホッチキスなどでとめます。

④ 両手でこするようにして、たいこを回しましょう。紙皿にビーズが当たって、音がします。

バリエーション

ひもの先は、ひもを何重かに結んだり、ビーズの質を変えたりしてもよいでしょう。音が変わるのを楽しむことができます。

POINT

ひもにビーズを通したあと、先でとめる際に援助しましょう。また、毛糸など太めのひもに通すと、切れにくくなります。

切る・曲げる
紙皿

風車を作ろう

3〜5歳
1人〜

紙皿を使って、
羽がくるくる回転する風車を作りましょう。

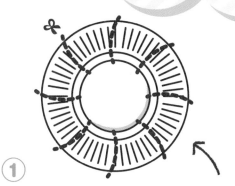

① イラストのように、カーブしている切り込みを入れ、少し角度をつけます。

② 紙皿の中心に穴をあけ、竹ひごをさします。竹ひごは長さ10cmくらいにします。

③ 曲がるストローを折り曲げます。

④ ストローの曲がった部分に②で紙皿にさした竹ひごを通したら、完成です。

POINT

持って歩くと、風を受けてくるくると回ります。回ったときの模様も楽しめます。また、竹ひごの先は尖っていて危ないので、ハサミなどで切るとよいでしょう。

バリエーション

風車の持ち手の部分は、割り箸でも代用できます。その場合は、マスキングテープなどで固定しましょう。

切る・
曲げる

トイレット
ペーパー
の芯

いろいろな
形を作ろう

トイレットペーパーの芯を変形させて、いろいろな形を
作りましょう。想像力が膨らみます。

①

トイレットペーパーの芯を変形さ
せて、ハートなどの形を作ります。

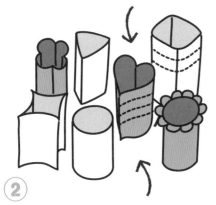

②

また、線のように切って輪切りに
してもよいでしょう。

③

芯に絵の具をつけて、スタンプを
作りましょう。

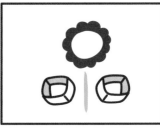

バリエーション

トイレットペーパーの
芯だけでなく、輪ゴム
やリボンなどに絵の具
をつけても、楽しむこ
とができます。

POINT

トイレットペーパーの
芯は、1本使うのでは
なく、輪切りにすると
たくさん使えます。

④

②で輪切りにしたもの
を紙に貼って、模様を
つけてもよいでしょう。

編み物であそぼう

編み機を作って、編み物を楽しみましょう。

①
トイレットペーパーの芯に、割り箸を5本、均等になるようにテープで貼ります。

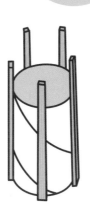

③
②のようになったら、外側に糸を一周させ、下にある糸を外側に出し、また上に戻します。

②
イラストのように星型になるように糸を回します。

④
③を繰り返して、自分が編みたい長さまで編みます。

POINT

慣れるまでは、編み目を飛ばしてしまうことがあります。一緒に編むなど、丁寧にフォローしましょう。

バリエーション

長さを変えたり、糸を変えたりすることで、いろいろなものが作れます。マフラーなどを作ってみましょう。

まぜる
絵の具

色水を作ろう

3～5歳
1人

絵の具や植物を使って、色水を作りましょう。
おままごとにも使うことができます。

（ 絵の具で色水 ）

水に絵の具を溶きます。

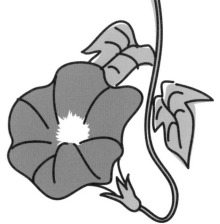

POINT

植物の色水は、どんな色が出るか、子どもたちと一緒に実験して楽しみましょう。

（ 植物で色水 ）

アサガオなどの植物と水を袋に入れ、よく揉みます。

バリエーション

色水を混ぜたり、紙を染めたりしてあそぶこともできます。

絵の具 まぜる

3〜5歳 1人

スライム

洗濯のりを使って、スライムを作りましょう。
触感を楽しむことができます。

① プラスチックのコップに洗濯のりを50㎖入れます。

② 水50㎖と好きな色の絵の具を入れて、割り箸でよくかき混ぜます。

POINT

服や髪にくっつくと、取れなくなるので、注意しましょう。保存するときは、チャック付きビニール袋に入れておくと、安全です。また、口に入れないなどの注意点をあそぶ前にきちんと伝えましょう。

バリエーション

洗濯のりと水の割合を変えると、触感も変わります。子どもたちと一緒に、楽しみましょう。

割り箸

切る・とめる

ゴムでっぽう

4〜5歳

1人

割り箸で、てっぽうを作りましょう。
あそぶときは、ゴムを飛ばせる広いスペースであそびましょう。

①

まず、3膳の割り箸を割り、3本の割り箸をゴムで固定します。真ん中の割り箸を引っ張って、イラストのようにします。

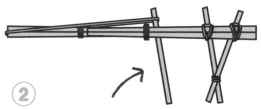

②

残りの割り箸を半分で切って、イラストのように持ち手と引き手を作り、ゴムで固定します。

POINT

ゴムがだれかに当たらないように気をつけましょう。必ず壁に向かって打つようにしましょう。また、子どもたちが的づくりをすることもあります。お祭りの射的ごっこをしてもよいでしょう。

③

引き手と真ん中の割り箸にゴムをかけて、引き金を引いたら、ゴムが飛びます。

バリエーション

割り箸を細工するのが難しい場合は、割り箸1膳と、洗濯バサミでゴムてっぽうが作れます。割り箸の両端をゴムでとめ、片方に洗濯バサミを通したら、完成です。

とめる 割り箸 マジックハンド

4〜5歳 1人

持ち手を動かすと、
先端が動くマジックハンドを作りましょう。

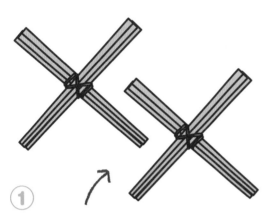

①

4膳の割り箸が十字になるように
交互に4本重ね、ゴムで固定します。
これを2セット作ります。

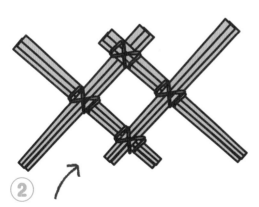

②

十字にした2セットをさらにゴムで
つなげます。

POINT

大きくて軽いものが
つかみやすいですが、
いろいろなものをつ
かんでみましょう。

バリエーション

十字の割り箸をたくさんつなげて、長
いマジックハンドを作ってみましょう。

さくいん

●著者略歴

桐川 敦子（きりかわ・あつこ）

日本女子体育大学准教授、日本女子体育大学附属みどり幼稚園長。私立幼稚園教諭としての実務経験25年ののち大学院へ進学し、児童学を専攻。2010年より講師を経て現在は日本女子体育大学幼児発達学専攻准教授。子どものあそびと援助方法を研究し、保育士や幼稚園教諭といった保育者の養成を行っている。主な著書に『保育園・幼稚園のわくわく運動あそび』（成美堂出版）、『遊びや生活のなかで"10の姿"を育む保育』（チャイルド本社）、『保育パーフェクトダイアリー 2021』（東洋館出版社）の監修・著者を務めている。

●参考文献

『保育園・幼稚園のわくわく運動あそび』（成美堂出版）
『大研究　遊びとおもちゃの図鑑』（国土社）
『じぃじとばぁばのためのあそび図鑑』（ベースボール・マガジン社）
https://www.pref.ehime.jp/h25500/2740/tearai.html（愛媛県庁）

●編集

ナイスク　http://naisg.com
松尾里央　高作真紀　安藤沙帆

●デザイン・DTP

小林沙織

●イラスト

おおたきまりな

3歳・4歳・5歳児　離れてあそぼう
― 拠点を増やしたあそびの方法 ―

2021（令和3）年2月28日　初版第1刷発行

著者　　桐川 敦子
発行者　錦織圭之介
発行所　株式会社 東洋館出版社
　　　　〒113-0021　東京都文京区本駒込5丁目16番7号
　　　　営業部　電話 03-3823-9206／FAX 03-3823-9208
　　　　編集部　電話 03-3823-9207／FAX 03-3823-9209
　　　　振替　00180-7-96823
　　　　URL　http://www.toyokan.co.jp

[印刷・製本] 図書印刷株式会社
ISBN978-4-491-04347-0　Printed in Japan